U0144540

元智通識叢書教育系列

仲崇親
王立文
田博元 著

通識教育之比較

——元智與北大

文史哲出版社印行

國家圖書館出版品預行編目資料

通識教育之比較：元智與北大 / 仲崇親，王立文，田博元著. -- 初版. -- 臺北市：文史哲，民 87
面：公分. -- (元智通識叢書教育系列)
參考書目：面
ISBN 957-549-164-5(平裝)

1. 高等教育 - 課程

525.42　　87011701

元智通識叢書教育系列

通識教育之比較

——元智與北大

著　　者：仲崇親・王立文・田博元
著作財產權人：仲崇親
出版者：文史哲出版社
登記證字號：行政院新聞局版臺業字五三三七號
發行人：彭正雄
倡印者：元智大學
桃園縣中壢市內壢遠東路一三五號
電話 886-3-4638800
印刷者：文史哲出版社
臺北市羅斯福路一段七十二巷四號
郵政劃撥帳號：一六一八〇一七五
電話 886-2-23511028・傳眞 886-2-23965656

實價新臺幣二〇〇元

民國八十七年九月一日初版

ISBN 957-549-164-5

田序

本校以「全人教育」爲辦學目標，以「卓越」、「務實」、「宏觀」、「圓融」爲教育理念。因此，除重視專業教育外，亦兼重通識教育。自創校以來，在諸多學有專長之教授與學者專家之研議規劃、積極推動下，本校通識教育已粗具規模，並卓有績效。

回溯本校通識教育之推動過程，約有幾個階段：先是「共同科籌備處」時期：民國八十一年本校成立「共同科籌備處」，由仲崇親教授擔任主任，負責通識教育組織架構之建立、課程之訂定，以及師資之遴聘，是通識教育萌芽時期。其次是「通識教育中心」時期：民國八十一年成立通識教學部，由王立文教授擔任主任，重要工作有：軍訓、體育通識化，成立元智藝廊，積極貫徹「通識爲體，訓輔爲用」理念，並成立五育及人文、未來等研究室。民國八十四年八月，王教授專責教務長工作，由本人接任，適值部訂「共同科目」存廢問題，普受討論，本校特成立通識課程委員會，由通識專任老師及各學院教師代表組成，積極規劃通識課程，約經年餘時間，將通識課程分爲㈠基礎通識課程（二十學分）：含1.本國語文、2.外國語文、3.本國歷史、4.憲法。㈡發展性通識課程（十二學分）：含1.人文藝術、2.社會科學、3.自然科學三類。並積極推動與兩岸之學術交流工作。民國八十五年由本人及王立文教授、仲崇親教授、湯廷池教授及謝登旺教授共同訪問北京大學，舉行通識教育之研討會，並簽訂各項研究合作之計畫。「兩岸通識教育交流計畫」及「兩校通識教育實施現況之比較研究」，即在此背景下先後簽訂。再次是「通識教育委員會」時期：民國八十六年八月成立「通識教育委員會」，由校長擔任主任委員，各學院院長及相關人員爲委員，下設通識教育中心，聘請王立文教授再度承擔主任工作。本校通識教育之規劃，進入校級位階，其所受之重視，由此可見。

前揭研究計畫原由仲崇親教授負責統籌、整理。最後撰寫成書。其間王立文教授研析資料，提供卓見，使更具學術價值。本書付梓在即，忝爲計畫共同主持人，特略述本校通識教育成長之過程，以爲歷史做見證。

田博元　民國八十七年序於元智

王序

自從資訊科技起飛之後，人類社會原有的結構及倫理面臨到極大的衝擊，校園中的教育逐漸發覺僅僅灌輸已定型的知識，並不足以使學生具備足夠的能力，因應外界快速的變革，培養學習能力似乎比授以特殊技能更形重要。一個人要怎麼樣才能永保學習的熱忱，這是值得我們深思的問題。另外，近來國內著名大學校園傳出駭人聽聞的情殺案，運用化學藥品，毀屍滅跡；社會上綁票案亦層出不窮。多年來臺灣只重ＩＱ的教育，固然讓臺灣有了經濟奇蹟，亦同樣給臺灣帶來了貪婪之島的惡名。政府、學校若再如以往墨守成規地辦教育，臺灣的社會不但將來不足以踏入已開發國家之列，亦可能變成一不講倫理只談利害的亂世。

在得知仲崇親教授主持一計畫作「元智、北大兩校通識教育實施現況之比較研究」，本人深深體會到仲教授對大學教育之方向及意義極度關切之熱忱，是相當難能可貴的，因此亦不揣淺陋參與了一小部分研究，企圖爲兩岸的大學教育貢獻棉薄之力。大學教育中有專業及通識兩大部分，不具通識素養的專家是淺陋的，亦是可怕的。看看世界上環境污染的問題有多糟，再看看世界上武器軍備如何的優良，人類似乎非常聰明有效地在自掘墳墓。見樹不見林的專家思考模式，是有近利但更有遠禍的，有人說具備通識的素養者就有系統思考的能力，這句話是相當有道理的，多角度地觀察事情可以獲得宏觀的能力，多聽不同的意見，多做意見溝通，可以圓融的處事，讓學生能夠宏觀、圓融是大學通識教育的一個理想。

元智是個新學校，北大是個老學校。北大歷史悠久，在中國是首屈一指的名校，自然已形成一獨特的校園文化；元智在臺灣被一般人譽爲未來十年最有潛力的大學，它沒有傳統的包袱且有強大的組織學習能力；兩校的通識教育擺在一塊比較，一定是新穎有趣的。

這本書得以成書，大都歸功於仲教授的苦心經營及其對教育的熱忱之執著；另外，元智大學人文社會學院田博元院長的參與，亦使本書內容更形完備；希望本書的出版對國內兩岸未來的大學教育的走向有相當的參考價值。

王立文 民國八十七年序於元智

自序

時代變易，歲月不居，隨著史頁的翻動，教育思想與體制亦在推陳出新不斷地更迭。

觀乎近代通識教育內涵，美國哈佛大學在一九四五年發表的「自由社會中的通識教育」報告即已指出：「人的教育可以分為通識教育和專門教育。通識教育是學生整個教育中的一部分，關注其成爲一個認眞負責的人和國家的公民的人生生活需要；專門教育則給予學生某種職業能力的訓練」，寓義甚明。

我國則遠在清光緒二十九年，張百熙、榮慶和張之洞等在「學務紀要」中曾上書把「端正趨向，造就通才」定爲高等教育的宗旨。民國以來，早期各大學均仿效美國，實施通識教育；戰後，自中共掌控大陸政權，則學習蘇聯，全面實行專業教育，批判通識教育；晚近，大陸進行改革開放，針對高等教育的過份專業化，要求改革，強化教學質量，提出拓寬專業基礎等措施，方呈現重視通識教育的跡象。臺灣過去十餘年來，一些有識之士，深感通識教育的重要，乃積極倡導，大力推動，迄今績效已彰。元智創校以來，除配合相關政策的執行；更為強化、深化並持續探討通識教育在國內的發展，特別擬定「兩岸通識教育交流」計畫，進而與北京大學合作，兩年來頗有收穫。因而決定將手邊資料彙編成冊，期能對通識教育的推行有所裨益。

俗云「珍裘以衆腋成溫；廣廈以群材合構」，故本書之取材係凝聚諸多教育學者專家們的智慧結晶；網羅時下教育菁英賢達們的眞知卓見。其內容分別就通識教育之內涵、演進、發展，及兩校（元智、北大）實施的概況，加以論述；並將兩校目前實際部份作正面的討論、比較、統計和分析，俾作未來通識教育推展的參考。

最後，本書得以順利付梓，要特別感謝人文社會學院田博元院長的支持與鼓勵；通識教育中心王立文主任的參與和指導；簡婉秘書的奔走及協助。筆者不敏，學淺才疏，造次成書，紕繆滋多，當在料中，尚祈碩彥先進，不吝賜正，則幸甚矣！

仲崇親　民國八十七年識於元智

目錄

壹、緒　論

一、緣　起

(一)基於元智國際化之發展及宏觀之教育理念

臺灣地區過去十餘年來一些關心高等教育發展的人士們已經注意到通識教育（general education）在當前高等教育發展中的重要性（註一）。事實上，隨著近代科學的興起與專業知識的專門化與分殊化，導致教育日益專精的訓練需求，使專業課程在高等教育的內容中不斷地擴張，相對地，傳統式著重於人文素養的陶冶或強調完整人格的非實用導向教育的逐漸式微。就臺灣而言，戰後高等教育以大學與研究發展最爲快速，但是，距離所謂「研究高深學術養成專門人才」的教育目標，似乎還很遙遠。尙難提昇至國際水準。「除物質條件限制外，現行招生方式、師資素質、研究風氣以及政策上的齊頭主義，而不鼓勵突出或爭取學術獨立，都是阻滯大學教育不能發展的因素（註二）。」「其實，除了上述技術性問題之外，戰後臺灣的高等教育的根本問題在於：教育主體性的失落。也就是說，戰後臺灣的高等教育基本上是作爲促進經濟發展或整軍經武的工具，教育部門是爲了經濟部門與政治部門而存在」（註三）。針對此「教育主體性」的失落，而引發出大學教育專業未必有餘，但宏觀顯然不足的流弊。「各大學從民國七十四年度起全面實施通識教育課程選修……以專案研究規劃至開授通識教育課程，教育部與國科會每年舉辦通識教育研討會，國科會科教處也大力推動通識教育相關研究計劃。政府及民間學者在各項場合均一再呼籲通識教育是我國高等教育改革的重要部份，應特別加強」（註四）。

元智自建校以來，即極爲重視通識教育之規劃與實施。先是由教務處負責推行，復於民國八十五年成立通識教學部，特別注重基礎（核心）課程之規劃與研究。並於民國八十二年，完成國科會核准之「通識課程規劃與研究」專案（由張一蕃博士主持）；民國八十三年完成教育部核准之「通識整合性課程硬體設備籌設」（由王立文博士主持）；民國八十四年完成教育部核准之「通識整合學程研究——以智育與群育實施爲例，論通識課程與高層次思考能力之提升」（王立文博士主持），茲爲強化、深化，並持續此一系列相關問題之探討，擴大其視野與領域，再提出「兩岸通識教育交流」之計劃。

配合元智國際化之發展以及宏觀之教育理念，通識教學部以通識教育爲主題進而再以通識課程爲中心，將研究對象及範疇擴及大陸高等學府，以華人同文同種爲基點，構思通識教育課程之比較研究，藉此探討兩岸共同基礎課程之實施現況。首先決定從北大開始，期能有所成效，進而再作其他學術之交流參考與依據。

北京大學創校迄今已屆百年，近四十多年在通識教育的認識和實踐方面曾遇到兩次較大的衝擊。直到九〇年代才有不少新的認知與措施，對低年級學生的通識教育更加重視，淡化專業，加強學生選修課的比例；強調學科與文理科際整合等等。衆所皆知北大乃我國培育高質量人才的搖籃，其業績早已享譽國內外學界。當今該校對於基礎課程，應用科學的教育與訓練均特別重視，由於多年來對課程改革，教學推動，在在皆有因勢制宜的新意，並扎實要求學習成果，對學生創造力、競爭力與適應力的激發與培育，評核認眞，績效卓越，頗作爲兩岸學術交流之對象。

(二)有感於教育環境與教育目標不能契合

教育目標約略而言，一是教學生「做事」；另一爲教學生「做人」。就前者來說，學校教育的主要目的是培養學生成爲有效的工作者，對社會經濟有所貢獻的創造者或生產者，能守法盡職和善用民權的現代公民。……從後者言之，教育要指導年輕人待人接物的道理，建立較健全圓熟的人生觀，使其不僅在將來，從做學生開始，就能有一個充實而愉快的生活，在這一生能發揮生命的價值（註五）。所謂「有效率的工作者」得自智能的開發與工作倫理的堅持，這是智育與德育的範疇；所謂「有貢獻的生產者」，同時也深知社會文明生活需求軌跡，這其中牽涉到智育及群育的素養；所謂「守法盡職，善用民權者」隱含德育主導著群育的體現；所謂具有「健全圓熟的人生觀、充實愉快生活」的公民，則必然兼有德育、體育、美育的薰習。換句話說：教育目標是五育並重，這五育有其關連性，也有其獨立性（註六）。然而，在急遽轉型的大時代中，物質生活不慮匱乏之餘，教育日趨實利導向，即以大學爲例，系科劃分日益精細，注重實用，人文精神日形淺薄（註七）。而又何止是大學教育，當前國內各級教育中，無論就課程教材法或師生關係而言，人文精神都是非常淡薄（註八）。科技掛帥的結果，受教育也許是有能力的工作者、生產者，卻缺乏一般通識的知能，教育窄化了學生的器識。如此罔顧教育目標的施爲，將與教育理想愈行愈遠。

㈢因應教育發展趨勢的認知

教育體系固甚複雜，但提高教育的質量、恰當性與效率，仍是普遍的認知（註九）。而提高教育品質之先，必要掌握到教育趨勢的發展，這些發展概略如下：

1. 改造舊結構，創造新結構，將比改造所有在教育領域活動的人們（教育、家長等）的觀念、心態、行爲更容易。

2. 教育內容來源已被拓寬。人們愈益關心的，既有當代世界總體的高度錯綜複雜的問題，又有當今社會生活各種要求和困境，……新教育中：有關環境的教育、有關和平與民主的教育、有關新經濟秩序的教育，都是教育體系對當代世界的挑戰作出的特殊反應；而面對大衆媒介的教育、關於閒暇與旅遊的教育、現代經濟與家庭的教育、精神或價値哲學的教育，則在培養青年應付文化、政治和家庭生活複雜性的增長的需要的批判精神和各種態度或本領。

3. 對各門科學之間，自然科學和人文社會科學之間及教育內容的各種來源彼此益形相互依存。

4.雖然術業有專攻，教師若一味地為自己的領域爭得更重要地位，可能造成課程與教材的超載以及同班或同年級各學科之間相互隔絕，所以，正規教育與非正規教育應同時並重，教學過程的規劃中要注意跨學科的整合，加強教學的綜合性與計算機輔助教學的多學科性。

5.增加展望訓練，培養對未來價值的選擇能力。

這些認知是經驗、教育的累積，是對教育內容的殷實前瞻，亦是通識教育的內涵之一。

(四)規劃課程與落實通識教育

教育近年重視大專院校通識教育的推展，追根究底，通識課程並不是指「正規課程的通俗化」，依據大學通識教育選修科目實施要點觀察：通識教育課程強調理、工、農、醫各學院學生應該修習人文、社會、藝術等相當學分的課程，而文、法、商各學院學生應該修習自然學科、應用學科或藝術學門等相當學分的課程（民國七十三年教育部公報）。顯而易見其做法是要調適或溝通人文與科技兩種不同的領域，使學生接受智能啓發之餘，得以訓練因應情境、活用所學，解決生活中的問題，進

而涵養創造能力。（註一〇）

二、動　機

通識教育的倡導係教育界有識之士感於現代教育過份著重專門知識，而產生或訓練出太多的所謂「專家」，但卻無法適應未來社會的挑戰。倘若就「大學教育」的目標深入思索，似乎不同於「專科教育」和「研究所教育」，這些教育模式，或許從作爲職業功能的性質上看略有不同，但就其「職業訓練」取向而言，仍有類似之處。當然我們也可以將「大學教育」從「職業訓練」規劃的角度，視爲一種介乎「專科」與「碩、博士」之間的「職等」教育，那麼所謂「通識教育」、「博雅教育」（liberal education）豈不是要改弦易轍。或者我們將「大學教育」視爲「普通教育」——即是爲教育健全的人格，開發一個人內在一些潛能，以成就更好或更「文明」的人而從事的教育。但我們所看到的是：目前在僵硬的教育制度、與短視的急功好利觀念驅使下，學生大抵只願守住專業的學科，在一程不變的學習方式下，造就出一些「不能獨立思考、眼光狹窄、常識不足、感受力差的年輕人」。一語道破他們是「太重視專業技能，卻忽視通識教養」的一群，因此，要期待他們成為「全人」、「完人」恐非易事。

回顧通識教育的過去：在國外一九四五年哈佛大學發表的一篇「自由社會中的通識教育」報告指出：「人的教育可以分為通識教育和專門教育。通識教育是學生整個教育中的一部分，關注其成為一個認眞負責的人和國家公民的人生生活的需要；專門教育則給予學生某種職業能力的訓練」（註一一）。

在大學教育的內涵中，通識教育要求：大學的目的在於發展人的傑出的理智，在教學的內容上主張為學生奠定一個廣博的文化基礎。我國高等教育實施的過程中關於此一問題的決策曾反復出現多次。早在光緒二十九年，張百熙、榮慶和張之洞等在「學務紀要」中就上書把「端正趨向，造就通才」定為高等教育的宗旨。在中共掌控中國大陸政權之前，我國各大學均學習美國，實施通識教育；之後，則學習蘇聯，進行教育改革，全面實行專業教育，批判通識教育；稍晚，大陸進行改革開放，針對高等教育的過分專業化，要求作教學改革，提高教學質量，提出拓寬專業口徑，加強基礎等措施，呈現出要求加強通識教育思想傾向（註一二）。鑒於兩岸近年來對通識教育的重視與倡導，元智乃率先於民國八十六年（一九九七）與北大合作，首先提出「兩岸通識教育交流計劃」，共同探討兩岸通識教育推動和發展的實況。該項計劃的動機擬就兩岸通識教育實施概況先作輪廓的勾畫，如從範疇看來極爲廣泛，但多爲簡略地探討，並未深入。畢竟通識教育在兩岸高等教育中復被重視，逐步推展，亦不過近十幾年的事，從萌芽到茁長，自有一番艱辛的歷程。故在前項計劃完成之後，兩校皆認爲有持續研討的必要。因此，民國八十七年（一九九八），又有第二個計劃的籌措與規劃，不過將計劃的範圍縮小到「兩校」（元智與北大），作更深入的研究。從通識教育的組織架構、師資問題、課程設計等作進一步探究和彙整，然後加以比較分析，求其異同，以爲通識教育發展的參考與依據。

三、理念

大學裡的通識教育，如果沒有理想，欠缺使命，則必然流於浮面且一無是處。它是有其價值導向的。眞實且成功的大學通識教育總會秉持高等教育中某種哲學、或某一倫理。它既不會「自然地」降臨，也不會被「市場力量」所駕馭，它係從我們對理性、感性和人道的關懷中衍生出自己的生命力。無論如何往往與理想結伴而來的是許多的問題：首先，假設通識教育教學的部門不再爲各學院所管轄，那麼由各系所提供的通識教育課程，是否還能發揚各學院原有的精神，貫徹它的教育理想？其次，一定需要四年制的修業期限，才能使通識教育成功地推行嗎？但是像北京清華大學把修業期限延長爲五年又如何呢？我們能否在各種體制下都能有效實施，而不需要另闢蹊徑？諸如基礎學年模式、最終學年模式、夾心學年模式等。第三，當我們談到大學通識教育的結構，而非內容時，是否能夠接受在大學的學習過程中，無通識教育之名而有通識教育之實的可能性呢？第四，有些人士大力支持在大學裡建立通識教育部門，來從事通識課程的教授工作。問題是：教授通識教育課程是否就是達成通識教育的任務呢？我們是否又會自相矛盾地試圖將通識教育變成一項專門學科呢？第五，我們的確不願見到在大學的學術環境中，通識教育淪爲二等或三等課程。爲了避免品質低落，也爲了提昇我們通識教育課程的學術地位，我們必須區別正式與非正式的通識教育，以及知識取向與價值取向的通識教育，即使其間界線單薄而不明確。我們並不排斥大學教育的不確定性及其想像的空間。使學生不但能從認知與知識中獲益，懷疑與知所不足也對他們有用。在實際的運作上，我們必須根據對研究與教學相當客觀的評估中，決定那一個範圍才是具體可行的。第六，當我們提到通識教育時，許多相關的觀念，往往也會浮現心中，例如全人的（holistic）、均衡的（allround）、自由的（liberal）、博雅的（liberal arts）、文藝復興的、多科的（multi-disciplinary）、跨科的（interdisciplinary）等。但是我們應當要考慮這些觀念是否對同一指涉項目皆可適用。最後，我們對通識教育抱持的理想，是冀望求取其齊一性或相似性，而非接受其差異性與多元性。況且促使學術專業上不斷精進的是研究者與鼓吹者大家彼此之間的差異和問題，而非思想上的一統。因此，何以通識教育與其他的學術研究有如此的不同？在做法上，其最佳途徑應當是接受眞誠的多元主義與同情的瞭解的包容思想（註一三）。

貳、大學通識教育的內涵

一、大學教育的內涵

「大學」（University）一詞原無確指，與社區（Community），學院（College）二字通用。中古時Universitas一字則指一群老師宿儒（Masters）或是一群學生細分成的學術性基爾特（guild）。直到十五世紀，Studium generale與Universitas二字才變成同義，而成爲英文之University的前身（註一四）。

事實上，既然大學是一種人爲的組織制度，其內涵自然隨著時空轉移，社會條件的改變，和人們有著不同的意義，而有所差異。然而，整體來看，不管其內涵因時空轉移做了怎樣的修正，也儘管在現代有些社會（如美國）的大學教育趨向平民化，有機會接受人口日增，但能接受大學教育的終究只是整個人口中的一部份。更重要的是，此一部分的人口，無論人數有多少，可以說是代表社會中的優異份子，他們在社會流動階梯中，往往有著較有利的向上流動的機會，大學既然是一個培養人才的機構，而且截止目前，一直還是整個教育體系中最高層級的一環，其教育自然就以給予並創造優異份子有利向上流動的機會爲主，其內容也因此隨著時代的需要和價值取向的轉變而有所修正。在形式上，學校教育的內容應與掌握社會流動的有效性之間具一定的正向相關。這是一個制度之社會正當性（legitimacy），所以會在成員心目中形成，且具作用之所在。準此，學校教育的知識內容，具有轉化足以提供學習者成功地掌握有利向上流動之社會資源的能力。這是學校教育的具有的實用工具面。若從這實用工具角度來看，無疑地，大學教育的內涵將與形構政治權力與地位的形式條件，也與社會的生產方式有著密切的關係，而其關係則靠著具轉化正當性之知識的取得來建立。大學教育一方面提供受教育者在政治與經濟階層中更有利獲取較高位置的機會，也藉此保證政治與經濟優勢階層的有效運作；另方面，大學教育也因此以培育受教育者具備由此優勢階層所界定的生活方式與文化欣賞品味，以確保此一階層所自認的優越社會屬性，這是大學教育的文化意義。一般所謂「精緻文化」事實上就是由此衍生出來的，它反映的是優勢階層的文化品味和意識形態（註一五）。隨著時代的變遷和發展，當今的大學教育，爲順應社會的各種需求，已與整個社會與經濟結構的發展結合在一起，大學的主要目的是爲社會服務，因而知識之專精化與分科別系已成爲必然的趨勢。

二、博雅教育的內涵

大學教育要達到它的目的，不僅要發展學生的智慧，也要從師生聚會的群體生活中自發地去從事各種活動，以養成道德的骨幹。「範成品性」（froming the character）像「發展智慧」一樣，貫徹著我們從小學以至大學的教育；而大學教育畢竟不應只是訓練一技一能之士。一個大學生應該對人類知識文化有相當程度的了解，對自己民族的學術文化有一基本欣賞的能力，同時應該養成一種獨立思考、判斷的能力；一種對眞理、對善、對美等價值之執著的心態（註一六）。每個人現在最大的需要是思想的能力、觀察問題、使事實與它們發生關係的能力、應用與享受觀念的能力。假若青年男女一出學校即具有這種能力，一切其他的事情都可以及時增加，他們將在智慧方面而且道德方面發現自己（註一七）。由此我們可以清楚地看出，在許多學者的心目中，大學教育的核心共同理念乃在於肯定教育對受教育者的「完整」意義，而此一理念乃建立在一個假設，以爲人的存在意義是整體的，它應該包含生命中可能觸及的各個層面——家庭、朋友、職業、婚姻、國家、文化等等。

傳統的博雅教育乃是政治、經濟結構單純，且知識未充分開發的狀況下，優異份子接受文化薰陶的特有權利。在希臘羅馬著重邏輯與分析思考的認知習性影響下，博雅教育之推行的基本支柱是理性哲學，尤其至十七世紀以後更是明顯，把這種精神反映到教育上最顯著地是十九世紀英國牛津大學之Newman樞機主教，他曾謂：「這確實是非常睿智的說法，而正是我在此所說的，博雅教育就其本身來看，乃只是知性本身的培養，而其目的亦不過是成就睿智（intellectual excellence）（註一八）」。理性的行動於是乎意指理論地思考，此乃「對事採取觀點」（take a view of things）的內涵。此一理念延伸下來，即以爲博雅教育乃藉種種有利之知識（如邏輯、修辭、數學等）來培育人的理性（註一九）。博雅教育的理想，是要追求人格完整，培養各種鑑賞能力，以開拓學生在眞、善、美上形塑高超人格化化成的契機。

三、通識教育的內涵

通識教育，亦譯爲「普通教育」或「一般教育」。其內涵相當豐富，惟迄今尙無公認的統一定義。事實上，的確是難以清晰無誤地指出通識教育的全貌。姑不論其是否具有內在的貫通性，但可以確定的是大學通識教育並非是、也不可是單一的項目。照理說它應該是兼具廣含性和多重性，在有計劃的架構和有力的行政配合下，這些性質皆有助於達成教育的目標。例如，通識教育可以是大學、社區、社會、國家甚至於一種文化所秉持的教育理念；或者是作爲一種教育策略，藉由選修部分課程，參與若干學術活動，開拓學生的視野胸襟；也可以是文化取向的，以培養大學生的心智、人格爲目的；或者是攸關大學教育與學習性質的一類教育哲學；亦或爲尋求推動某種價値觀的社會政治活動，或是尋找反對現行體制的一種運動；更可以是爲某些內容與目的設計的課程；或者只是一些大學共同修習科目的規劃，皆統稱之爲通識教育。凡此種種，都可以在被冠上通識教育頭銜後面仍十分中肯且名實相符。實際上，這些不同種類的事情，或者說通識教育的不同面向，都只能概略地加以界定，進而以此勾勒出所謂的大學通識教育的粗略輪廓（註二〇）。

有些學者基於其研究的心得或個人的觀感對通識教育有各自不同的看法，他們分別指出：「通識教育，並不是要每一個人對各種學科都有概括性的知識；生物理化各懂一些，那樣只會變成大雜燴，這並不是通識教育的本義」（註二一）；「通識教育是一種建立人的主體性的教育，也就是一種完成『人的解放』的教育」（註二二）；「廣義的通識教育的統合功能應兼及以下六個互相關聯的層面：1.感性與理性的統合；2.價值與知識的統合；3.理念與實用的統合；4.人文與科學的統合；5.個人與環境的統合；6.傳統與現代的統合」（註二三）；「通識教育是廣泛性、自我發展性、持續性的方案，它培養學生：1.探問的態度；2.解決問題的技巧；3.民主社會中的個人及社會價值；4.應用知識的態度、方法；5.終身學習的價值及自我實現的功能，藉民主程序全程參與改變社會」（註二四）。要之，因爲它的範圍廣泛，其所強調的爲特殊而眞實的難題。關心學生與社會的「立即課題」、未來的需要。教育過程及方法、目標和民主應用原則。

四、「博雅」與「通識」教育的區分

儘管現代大學走向專精乃是順應時代變遷不可抗拒的潮流，但是強調「博雅」的教育傳統卻一直繼續矜持著。因此在今天的大學教育中，專精與通識存在著緊張，教育者始終爲了在代表古典傳統的理想與代表現代的現實之間尋找平衡點而大感傷神。何以經歷幾個世紀的轉變，在順應時代潮流下之大學教育已明顯地走上專精分工的路途，人們還在矜持通識教育的理念呢？分析起來，其可能的原因約可有四：其一、儘管因民主政治的進行和生產經濟結構的改變，在現代社會中，掌握權力與財富的管道與往昔不同的更趨開放，但是界定「身份」的基本文化內涵卻是與傳統社會沒有太大的不同。做爲社會中的優異份子，其身份的確立還是靠維持傳統的文化內涵與生活方式來完成。儘管形塑優異份子的外在社會條件已改變，但是對優異份子的文化內涵要求卻一直是保持古典傳統的要求。說來，這是充滿著濃厚懷古情結的浪漫訴求，也反映出「博雅」之古典意義在人們心目中恆久彌堅的地位。其次，法國革命所帶來強調平等與自由的政治主張，除了在政治上締造了一個嶄新的格局，這種平等與自由的主張也以一種特定的社會形式在其他的生活領域展現。表現在教育理念上，首先見到的是人人有受教育的相同機會，因此，以前專屬某些特權階層的教育機會，如今也以某種方式開放給一般大衆，平等表現在教育機會上，而不是在不同的文化展現形式與品味。換言之，甚至到今天，人們還是深信文化的品味是有高低、雅俗之分。所謂教育的平等化事實上即是使所有的自由人都有機會接受博雅教育，而不是專屬某一特權階層。其三，在當今於力圖強化專精教育之餘，提供大學生通識教育的努力尙有具功利之工具理性的意義。在大學傳授專精知識，基本上是因應科學技術在人類社會的重要性而來。爲了使得人類有更多的能力控制外在環境，以確保所謂「更幸福、更豐富、更進步、更文明的生活」，在外控社會價值觀的支配下，要求優異份子具備專業知識是順理成章的社會期望。但是，遺憾的是專精知識絕大多數是指向技術層面，而不牽涉到人文意義的探討。這類知識講究的是如何從舊有知識之中有突破的創新。而強調技術知識的精進本質上是把對象當成「客觀的物件」來看待，即使對象是有血有肉的人，也是如此。它本質上是一種知識對象的「物化」。但是，知識用到盡頭，其最終總會還原到人的身上來，也會涉及價值意義的問題。其四，爲了適應時代變遷的需要，大學教育應以傳授專業知識爲主，那麼到底應當給予多少專業課程，才能滿足學生踏入社會後的專業需要？以目前臺灣地區各大學而言，教授中有頗多具專業本位主義，他們認爲給學生愈多專業科目來修習，則學生的專業素養便會愈好，這種論調乍看之下似乎蠻有道理。但是，審諸現實的條件，卻又頗令人置疑，因爲，如以功利的教育經濟觀點來看，社會中需要大學程度之職位所需的專業知識是否與大專所提供的對稱？我們發現，大學內的專業教育往往過於理論化，而且過多。因此其訓練不但與社會實際需要脫節，而且過度。加之學院內的專業課程分割過份瑣細，其中重覆疊合之處甚多，學生修習時，頗多是浪費時間。準此，我們充分相信大學中之專業課程實有重新調整並且減少的必要。總之，無論是因對古典博雅教育的緬懷情結所致，或是因爲專精技術教育所衍生的功利考慮，在以傳授專業知識爲主的大學教育中，引進通識的知識實有其必要（註二五）。

通識教育是不是即是博雅教育，這是首先必須釐清的問題。有的學者以爲博雅教育與通識教育的不同在於其目的。前者是相對於職業或實用教育而言，其目的在培養「統一的人格」；而後者是相對專業教育而言，其目的在達到「統一的知識」（註二六）。此語雖點出博雅與通識教育的不同處，但對其內涵及「統一」精神的相通處卻語焉不詳。不過，如就形塑程序而言，兩者之間，實有著密不可分的關聯。因爲「統一」人格的完成乃有賴「統一」知識來形塑。以「人格」與「知識」來區分博雅與通識教育並非完全不具意義，相對地，它在整個教育理念變遷上是頗値重視的。就教育理念發展而言，博雅與通識之間相爲承繼延續，但此一延續，卻因所處的時代之不同而又顯出差異來。傳統的博雅教育乃是政治、經濟結構單純，且知識未充分開發的狀況下的產物。而在今天知識爆炸，社會中各種力量錯綜複雜之交薈作用下，人的行爲已非傳統社會那麼單純。對如此複雜的社會壓力，教育者有義務提供的不是奢侈的有閒理性人，而是有利於有效處理日常事務，掌握時代脈動的實用人。所以，通識教育的目的主要地是提供具有使人可以統攝瞭解自我與環境的能力。此一「統一」的要求，已非古典博雅教育強調身份意義之文質彬彬，溫文儒雅的浪漫要求，而是通達事理，以應付多變環境的適應發展能力（註二七）。

五、通識教育的五個面向

Francis W.Parker說：「教育的主要目的在於發展性情」。教育對我們的品格與生活觀念有很大的影響。它不單單只是消極被動地培養謀生技能，教導生活規範以及傳授有限知識。教育更應該積極主動地開發人的潛能，革新生活思想，探索人生智慧，進而建立生命的意義。在教育過程中，迫切所需要的訓練是擁有廣闊的胸襟與視野，以及能夠覺察到生命之美與奧秘。這些只有在良好的通識教育中才可以獲得滿足。通識教育的正確發展有助於我們享受充分的愛及合理的自由；在自利和與他人共享上取得了愉快的和諧；能做客觀條理的思考；能適應變化，也能革新生活；能欣賞自然之美，體驗內在之價值，以致於人格裡外一致且成熟。

因爲通識教育的目的不僅在灌輸一堆知識，更重要的是在對人格的影響以及在對自性的認識。個人人格的健全發展是提昇生活與社會品質之根本，亦即當今亂象社會所應面臨的最大教育課題。因此，教育工作者對通識教育有其絕對必要去了解，體認，融合並實踐，才不會誤己誤人。通識教育對現代教育是如此之重要，若不加以發揚實踐，則教育的一切功能只是徒然製造了大批違反眞正教育理想的人才而已。

茲藉以下五個方面闡釋元智大學對通識教育所強調的意義與內涵。

㈠**自由與愛**：講到自由，常指的是外在的自由，想做什麼就做什麼，愛怎麼樣就怎麼樣，行動不受拘束，以及種種自我表現的自由。但這些都是狹隘的外在自由，一不小心就容易侵犯別人、傷害別人，最後殃及自己。自由的深義應該是指內在的、自覺的、全面解脫的自由，是心靈層次上的自由。如此內省的自由，心靈不受到任何陳腐規範之囚困，不陷入任何恐懼之泥沼，思想熱情奔放，從心所欲而不逾矩，俯仰自在，心包太虛，猶如青鳥自由飛翔於天空，自然宇宙之浩大與豐富俱在眼底胸懷之中。

然而我們的心靈常受制於教條規範，從小父母師長教導我們應該這樣那樣，限制我們做自己的主人。我們習於乖順，不善機變，所以一顆沈滯的心靈感受不到許多新鮮的事物，呼吸不到自由空氣。在自我的狹小天井中，看不到世界宇宙的廣闊，看不到自己天性中的深度，聆聽不到人心靈的聲音，感受不到生命之中有歌、有希望、有喜悅。因爲人是習慣的動物，易安於現狀，不願看到變革，故常無端陷於恐懼之中，凡事擔憂，害怕變動、失敗、孤獨，害怕失去擁有的，害怕已知的事、未知的事。生命就在害怕的幽影中，凋枯無光，無法走入燦爛美好的陽光裡。

沒有比制約與恐懼更造成生命的僵化與封閉。因此，通往心靈自由之路首在排除制約與恐懼，（註二八）也就是排除傳統教育上的權威與塡鴨，代之以尊重與啓發，帶動愛的氣氛，讓愛在互動交流中擴散滋長。愛能從我們的心靈濾去私人雜蕪，使心靈更純淨。如果不能愛，就不可對事深思、專心；對人也永遠不能體恤，不能傾聽，更不能認識生命。眞正的愛，必須先懂得尊重與欣賞生命存在的價值；進入它的世界，融入交流，涵泳生命的自由美好。愛到最高點，無私無染，不執著，不求回報。完成這樣的愛，必先給心靈自由清淨的空間，才能包容無限。

只有排除內心制約與恐懼的人，才能打開心靈的窗扇，讓知覺細細流動，去關愛生命的成長，去欣賞自然的壯美，去觀察宇宙的奧妙。唯有一顆敏感的心，一個開放的胸懷，去感覺生命的偉大脈動，才能明白愛是什麼，才能得到眞正的自由。如果沒有了愛，就沒有自由。沒有愛，自由只是一個沒有價值的觀念。

㈡**條理的思維**：這裡所謂「條理的思維」不是一般依循既定的定義與公理而做

推論的思考方式，這種程序思考是荒瘠枯索，刻板狹隘，完全失去纖細、明晰、活潑、豐富與博大的內涵特質。這裡所要闡明的「條理」是不經強迫、計畫或刻意安排所得的規律與秩序。它是一種自然呈現的條理，好像花朵自然的開放，白雲悠然的舒展。一個眞正有條理思維的人，行止從容有緻，生活深刻篤實。優美與溫柔在生活中處處流露。安靜的坐著而沒有壓力，優雅的吃飯而不匆促，行動閒適而又準確；思維清晰而又精深，這一切從容有品質的生活，都是在條理的思維之中。

然而什麼力量會帶來生活這樣明晰的條理呢？其實就是專注。外在的效率、精確與勇氣，固然值得喝采；但內在的專心投入卻是更難得的特質。一滴水，看不出力量，但如把它滴入石縫而結冰，就足以把石頭撐破；化做蒸汽，就足以推動蒸汽機。這是因爲隱藏在裡面的潛能被激發出來，展現了令人驚奇的力量與效果。專注投入事務後所迸發出來的創造力與感受力，帶給生活思想全面的革新，也是同樣的道理。

如果我們對事情十分專注，就會留心地看、聽一切，用身體、神經、眼睛、耳朵、心靈全神貫注的看與聽。在用心看、聽時，心靈必須保持非常安靜、敏銳、警覺，不受限於任何心理或生理的習慣之擺佈，才能夠不混亂而且看事看得清楚。一切實相看得清楚，沒有知識障礙，沒有預設成見，沒有自他分別，心靈的空間自然開展，蘊含的力量也會凝合不散亂，因此思想明澈而契重點，行動自然從容不迫。

雖然在智性上，我們發展得很不錯，但內心世界卻很淺薄貧乏。目前一般教育調教出來的思想，缺乏豐富的想像、纖細的感知、深刻的透視以及精確的判斷，以致於反應在生活行為上的是欠缺內涵品質的。我們很少靜下來，好好欣賞夜空星辰的美好，感受清風閒雲的自由，聆聽蛙鳴鳥聲之清暢，而一切美好的內在品質正都蘊藏在這裡面。唯有能夠安靜與專注的人，才會打開知覺，留心這一切自然美好，才會對事物有不同於人的敏銳感受，思見博大精深，整個人就變得條理清晰，心智明敏。此即古人所謂：「定而靜，靜而慧」的道理。因此條理的思維，可從通識教育中使學生對日常生活的小事的專注培養起。

㈢**體能的訓練**：體能訓練的目的在於促進身心健康，而身心健康就是生命活力的泉源。一個人有了活力，可以積極學習，探求知識，實踐理想；有了活力，更可以投入偉大而高貴的工作，奉獻人群。社會的進步在活力中推動，人類的文明也在活力中提昇。只要有活力，就生機不息。活力可以說是生命最美的展現，是故體能訓練在通識教育中別具意義。

對於一個生命如旭日東昇的求學青年，健康與活力是其投入學習與創造的能源，也是其人生目標奮進的動力。有了健康與活力，才有美麗的人生。所以體能訓練在教育生活中就必須加以強調與實踐，才能培養出不僅人格健全而且身體健康的人才。然而任何事情之進行，目的之完成固然重要，其發展過程的學習與體認也是不容忽視的。在體能訓練的過程中，許多伴隨的美德諸如規律、堅毅、沈潛、專注與學習等必須同時發展，否則訓練毫無意義，目的也難以達成。

舉例來說，爲了維持體能，養成運動的良好習慣是必然的。運動者必須早睡早起，不抽煙喝酒，攝取正確的食物，以及遵守良好的運動原則，這就是一種規律的習慣。但這規律不是硬性規定，而是對運動正確認知的一種自然結果。訓練必須是持之以恆，而非偶而爲之的渙散進行，否則將不會有任何具體的效果。訓練過程更必須經得起鍾鍊，才能鍛鐵成鋼。這些都需要耐性與毅力，通過這樣的考驗，體能的訓練才算達成目的，對未來人生，亦有很大的助益。

此外，在訓練過程中，必須全神貫注的投入各項細節，才不致盲目混亂而傷身。有規律的作息，堅毅的耐力與專注的精神，配合正確訓練方式，人們體能的潛力就能開發出來，同時產生出健康與活力。

(四)合作與分享：在人格成長的過程中，先是個人獨立性的發展與自覺，然後才認識到人與人之間的互依，認識到人需要別人，需要別人依靠他，相信他，關懷他；正因如此，所以需要在人群裡生活。這樣可以產生與他人一起共事，一起建造，一起分享與一起感受的「合作」關係。

眞正的合作是建立在互信上，不執著於個人的理念、意見或慾望，共同協議完成一個計畫，並且懷著無私的精神，一體感受甘苦，一同分享事情完成的喜悅。在合作關係中，因爲理想上相通，困境中共勉，高貴的友誼就容易發展出來。友誼可以說是良好合作關係的同生兄弟。

攀登喜馬拉雅山可以是一件協力合作的事，表面看起來它似乎是怵目驚心的體能表演，可是這過程中可伴有著同志之情與協力之誼的許多美德。在崇山峻嶺之中，通過種種艱困與危險，使人不分種族與信仰的結合起來。爲了達到目的，他們必須團結，互相分享那偉大冒險的興奮。

一群人懷著同樣的理想，爲相同的使命所激勵，毫不保留的同甘共苦，把各自最好的部分給對方。人類在這樣良性的合作與分享中，締造了愛的世界。一個懂得與人合作與分享的人，必然擁有開放的心靈，對人的感情、愛、需要與尊重都會非常重視。

㈤**內在美**：人的美，包括外在美與內在美。外在美，是指人的言談、舉止、姿態、表情等構成的美。內在美，是指人的心靈與精神的美，包括思想、感情、理想、智慧、品德、情操等。內在美與外在美並不對立的，而是互爲裡表、相得益彰的。人的內在美可透過外在美顯露出來，而內在的心靈和精神亦常能表現在外在形象上。一個人的衣著打扮、言談舉止、表情神態，在一定程度上表現著他的思想、感情、品德、智慧與情操等內在美。

人的眞正價值在於內心世界的美。對整個人的美醜起決定作用的，是人的心靈，而不是儀表。唯有內在美才眞是衡量一個人美不美的尺度。什麼構成了內心的美？是能讓心靈感動的一切自然或藝術之美，是在使心中充滿生之喜悅的眞善美的理想，是人生最高貴的情操——慈愛。

大自然與這世界天天爲我們彩繪無盡的美。當樹木茁壯成長，林中有美；當花播散芳香，草地有美；當晴空碧藍澄澈，日光有美；當心中充滿愛的芬芳，世界有美。生活中最美最珍貴的事物就在手邊。每個人門前都擁有全宇宙的財富——星辰、日月、雲彩、花樹、流水，這麼浩大豐富的美，只要伸手就可得。但鮮少有人去看、去聽、去聞，任心靈在灰塵中，失去晶透的本質。在通識教育中應教導學生如何放下不必的焦慮，捨下過多的慾求與追逐，讓心還原成單純樸素的狀態，從心中產生對美的感覺。這內心的美讓心靈覺醒起來，豐富起來，讓我們的人格找回了溫和、謙卑、仁慈、寬恕、誠實、忠誠、忍耐等許多美麗的特質，使生命更趨成熟與完美。

以上五點概要說明了通識教育的重要及意義。元智爲了推展成功的通識教育，特別成立了通識教學部。教學部依據上述五項重點，各成立一對應的輔導研究室。輔導研究室是師生互動的場合。幾個研究室皆在活動中心七樓。它們的位置設計在一起有一種奇妙的作用，既可將這五方面整合在一起，而每一輔導室又可充分發揮其各別作用。對一所大學來說，五方面的教育或許可以因此而落實。

通識教育不應單單是專業知識與技能的習得，它更應幫助學生拓展知識領域，提昇人生視野、建立獨立思考以及開創生命意義，並將一切美德實踐於生活中。正確之通識教育之產生與落實需要大智慧與洞察力。當前最重要的課題是教育者自己本身需要去了解這五項重點，經此推展通識教育，使學生具有更健全的人格，遼闊的視野，豐富的生活情趣以及生命意義，而不再是依循傳統模式教導學生而已（註二九）。

叁、國內外通識教育的演進

一、國內通識教育：

㈠**傳統的通識教育**：中國自古以來就實施政教合一，故教育與政治、社會的關係，尤其密不可分，但自孔子講學以來，由其四科弟子所示，如「政事」（冉有、季路），就是與政治活動有直接關聯，其餘的如「德行」（顏淵、閔子騫）、「言語」（宰我、子貢）、「文學」（子游、子夏）等。（論語、先進篇），則偏向社會、文化方面的表現；而「德行」一項，應該說更具體凸顯教育本身的獨特性質。在傳統中國，所謂教育本身的獨特性質，可視爲完美人格的養成，也就是「大學」所謂「大學之道，在明明德，在親民，在止於至善」。止於至善，就是完美，也就是人生的極致，從儒家的學說而言，這樣的境界，最後定位在成聖成賢。若將教育事業當作一個整體來看，其教育的作用不外是孟子所說的「明人倫」而已。也就是著重於教育的社會作用，使社會能有良好教育可循。君主推行教育的任務，在於「

化民成俗」。所謂成俗，也不外是明人倫。展開人倫秩序的原理原則，就是根據禮，因爲禮的作用在於「定親疏，決嫌疑，別同異，明是非也」。（禮記，曲禮）人民經這樣的教化工作而成俗，社會秩序因而建立（註三〇）。

儒家傳統教育的核心是人文主義。而其展現最容易從教育理念與制度中看出來。儒家本是重實踐的傳統，而教育不但是儒家落實其理想的最重要管道，亦可說是儒家對社會民衆產生最巨大影響之處。儒家的教育基本原則，是教育機會均等（有教無類），教育應以培養道德感及促進個人發展爲目的（爲己之學）等主張，都被後世視爲不可移易的金科玉律。至於「大學」所提倡的教學、治學綱領也成爲後人道德修養和實踐教育理想的最高指標與藍圖。時至宋代朱熹在教育方面提出一個整體性的方案，來整合當時的教育制度與教育資源，而構思出一套涵蓋小學與大學、私學與官學，家庭教育與民衆教育的教育系統。他以夏、商、周三代爲理想社會，將其全人格教育理想投射於三代制度之中。並將此制度之完美歸功於當時全國性的教育措施。他把儒家傳統中人人都有受教育的權利以及政府有廣設學校，提供教育民衆的義務；同時也提出德育與知育並重的主張，就是「居敬窮理二者不可偏廢」，修己與治人之道俱全的教育目標。在知識的追求上，他主張要博學，「天文、地理、禮樂、制度、軍旅、刑法皆是著實有用之事業，無非自己本份內之事」。可是學問的最終目的是要「反約」，從事「爲己之學」。這又點出了儒家人文教育之特性。教育的目的即在促進個人之心靈與品格發展，而所有的知識技術也都是爲了成就更完美的個人，或是推展其理想於社會大衆，否則學問就不切己，也和「人」無關。這種教育思想除了主張培養個人全人格的發展爲教育之目的之外，另一方面也主張教育本身即是目的，而不是把教育視爲工具性的行爲。狄百瑞認爲朱熹的「爲己之學」是「自由教育」（liberal education），相當能洞察到朱熹此一教育思想的核心（註三二）。如果我們把範疇再擴大一些；從宋明理學來看，其根本就是一種通識教育，因爲它是教人如何通過知識的探求及德性的涵養，了解萬殊的「事理」及統體的「天理」，以明曉人在宇宙、人生之中的意義，以完成人的最終價值。誠然，宋明理學在其所討論的內容範圍上有它先天的侷限，但基於它這樣一個清晰明確的目的，它所提出的理論架構，對「通識教育」的基本精神的觀照就相當周延，而且極具啓發性。程朱、陸王對於道德性的「天理」有共同的肯定，並化爲共同的出發點——「性善」，以及最終完美人格的完成——聖賢。他們相異之處，是對工夫途徑的不同主張，而此處正是我們討論通識教育如何完成最可借鑑的地方，因爲，他們不但呈現了理論，在過往歷史上，更呈現了實踐的經過和成果，其利弊得失非常清楚。朱子的「大學」工夫，是主張通過嚴格而周備的知識探討（格物窮理）之過程，學習所有前人經驗和智慧的成果，考究周遭各種環境（社會、政治、自然）中的一切事物，從「萬殊」以達「一本」，也就是說透過深入的學習各種不同種類的學科，達到知性的成熟（豁然貫通），才能確切地把握自處和應事的整體以及個別性的原則。王學則採用一種頓進的方式，從「理」在人身上的根源處——「心」的靈明處悟入，冀由「一本」以貫「萬殊」。從這兩種型態看來，很容易看出今日通識教育的主張和作法是和朱學比較接近的；在通識教育的討論裡，「整合」一再地被提出來；然而大家又知道說：通識教育不是各種課程的大拼盤。但是，要由多種不同範圍和性質的知識的探討通曉，以促使知性的成熟和融通，總歸是不能捨棄的途徑（註三二）。總之，清末之前的中國傳統教育，多以人文爲導向，而且一直是重通才而輕專業的；清末以後，由於外來文化的刺激與西方侵略者船堅砲利之衝擊，

「西化」成了教育的首要目標，不僅科技上「師夷之長技」，即連人文、社會各領域，亦全盤移植西方之典章制度與觀念作法，分科唯恐不細，授業唯恐不「專」的教育方向，遂勢不能免。

㈡**現代的通識教育**：中華民國臺灣地區，近四十多年來的高等教育，囿於大環境下之政治（如意識型態之灌輸）及經濟（追求經濟成長與轉型）兩大因素，不但更形專業，而且高度的「工具化」、「功利化」，形成「以職業為主導的教育取向」，結果受教育的人愈多，「識大體」的人愈少，社會風氣不但不見提昇，反而日趨下流。平心而論，一味追求專精，固有窄化受教者之胸襟與器識之弊，然傳統教育只重通才，忽略事業，亦不免流於空疏之虞；通識教育選修課程的實施，很顯然的，是試圖在二者之間能求得平衡，此一理想若能落實，則不啻為我國大學教育改革史上的一個重要里程碑。然實施以來，由於種種外在因素之限（如通識學分過少、師資問題、社會功利心態未及調整等），及部分學校以偏差之觀念，敷衍之心理主其事，因此不但成效不彰，若干大學甚至出現了如「寶石鑑定」、「寵物保健」、「觀光旅遊概論」等商業氣息十分濃厚的所謂「通識課程」，嚴重地扭曲了通識教育的本旨。經過近十多年來的嘗試與研討，學界對「通識教育」的定義及具體內容雖然仍有些許歧見，不過以「人文思想」爲主幹的共識，卻逐漸凝聚，即使一向與「人文界」形成兩大壁壘的「科技界」亦不例外。「科技的發展，必須有適宜的社會環境與人文素養才能合理發展」，環保工程之日受重視，及以和諧共存取代對立與征服的「新自然主義」的崛起，即是以人文精神省思科技文明之利弊，甚至是影響科技發展方向的顯例（註三二）。

從實際措施而言，各大學自民國七十四年度（一九八四年八月開學）起全面實施通識教育課程選修制度，至今已經十餘個年頭。這些年來，通識教育從當年少數學者的呼籲，到近幾年來獲得學界人士的重視與倡導，各大學以專案研究規劃並開授通識教育課程，教育部與國科會每年舉辦通識教育研討會，國科會科技處也大力推動通識教育相關研究計劃。政府及民間學者在各項場合均一再強調通識教育是我國高等教育的一大改革，極爲重要。民國八十三年春「中華民國通識教育學會」正式成立，使通識教育各項工作得以更有計劃、更有順序、更加擴大的推展。

在戰後「臺灣經驗」的架構中，教育部門在量的擴張上是一項重要的因素。全臺灣文盲的比例由民國四十一年的四二・一%到民國八十一年降低爲六・一%；在臺灣的總人口中接受中等教育的比例，亦由八・八%提昇至四八・〇%。而全省各級學校的總數也由一、五〇四所增至六、九三九所。足證戰後臺灣教育的成長，使教育機會日趨平等，而且愈年輕者愈能接受正規的教育。因此，教育不僅影響了社會階層的變化，而且也影響了人民各種態勢與言行的表現。儘管正面看是如此，但是亦不容否認的事實，戰後臺灣教育也有其負面的部分。以高等教育而言，戰後臺灣的大學與研究所教育，發展極爲快速，距舊《大學法》所謂「研究高深學術養成專門人才」的目標尚遠，大學教育尚難提昇至國際水準。除了物質條件限制之外，現行的招生方式、師資素質、研究風氣以及政策上的「齊頭主義」，而不鼓勵突出或爭取學術獨立，都是阻滯大學教育不能發展的一些因素。除此技術性問題之外，戰後臺灣高等教育的根本問題還是在教育主體性的失落。易言之，戰後臺灣高等教育基本是作爲促進經濟發展或整軍經武的工具，「教育」部門是爲了經濟部門與政治部門的發展而存在。

毋庸置疑地臺灣高等教育，確曾有效地執行了國家的政策，爲配合經建或政治及軍事的需要，發展策略性學門（諸如應用科技、國防科技、外貿學門……等）。為了確保國家意志的落實，大學共同必修科目的規定乃成爲必然或必須的結果。同時，就其完成國家教育政策此項目標而言，共同必修科目有其一定的貢獻。

二十世紀後期由於學術分工過細，導致「大學」（University）作爲智識統整場所的目的大爲失落，使許多有識之士爲之憂心不已。這個普遍性的問題在臺灣地區各大學尤爲嚴重。近幾年來，許多教育界人士乃提倡通識教育，就是針對這種「教育主體性」失落而導致的大學教育專業未必有餘，但宏觀顯然不足的弊端而發的。

隨著民國七十六年七月戒嚴法的廢除，臺灣快速地邁向自由化民主化之後，通識教育倡導的呼聲與改革的潮流由涓滴而滙爲巨流。大學扮演的角色也從過去的作爲國家意志的實踐場所，逐漸轉化爲社會有機體的重要組成。在歷史的頁碼快速翻動的時刻，通識教育的改革最具關鍵性也極具重要性。「通識教育」我們可將其區分爲兩個層次：1.核心課程；2.一般課程。但不論是前者或後者，都直接或間接地與「建立人的主體性，以完成人的自我解放，並與人所生存的人文及自然環境建立互爲主體性的關係」的教育目標有關（註三四）。

通識教育已是我國大學教育中重要的一環。經大幅實施數年來仍有些未盡理想之處。包括：

1.我國現階段之社會以功利取向，學術文化並未受到應有的重視。在這種社會及學術結構下，通識教育自然不易紮實生根。

2.我國目前大學教育一元化色彩仍頗爲濃厚，普遍有依規定辦事之被動心態，不易發展出具有各校特色的通識教育課程。

3.社會普遍認爲大學教育之首要目標在培養專才，以配合國家經建所需。因此，即使教育部有意大力推動通識教育，在現實因素影響下，仍可能受到形式化的應對。

4.就大學系所而言，普遍不明白通識教育的目標。當被要求協助通識課程時，常只能多開幾門簡單的選修課。此外，師資不足，教材欠缺，均是實際的困難。

5.在各大學之組織架構中，並未將通識教育適當定位。因此，人力、經費等資源普遍不足，課程規劃、實施自然顯得零亂且困難重重。

此外，由於上述整體架構上的缺失，造成實際參與通識課程的學生認爲通識課程類似營養學分，認爲通識課程不過是專業課程的點綴而已，使得通識教育之成效大打折扣。

國內各大學實施通識教育多年，亦有許多令人激賞值得參考之處。譬如師範大學的通識課程「近代生物與人生」，藉著資源與保育、遺傳工程與倫理等主題，使學生了解近代生物學及人類生活的密切關係，很成功的將科技文明與人本文化加以融合。清華大學則設立通識教育中心，結合全校資源來推動通識教育，是從組織架構上徹底建造，經過觀念溝通而整合資源的極佳參考模式。元智大學則將體育、軍訓、語文、科教等組合成爲通識教育學部，更進一步的將組織架構加以正常化。中央大學的通識教育除了課程部份外，亦包括了學生活動、宿舍安排等等考量，使通識教育層面放得更爲寬廣。中山大學則特別規劃出有關環保之通識課程系列，期望有助於人類與自然環境之和諧化。臺灣大學將傳統之大學國文課程通識化，使我國傳統文學、詩詞、思想、文化，適當的融入通識教育中。陽明大學則特別強化人文、社會、哲學、藝術方面之通識課程，來充實未來的醫護人員，不但啓發對人性之尊重、對生命之關懷，亦有助於平衡身心舒解壓力（註三五）。

㈢**中國大陸的通識教育**：中共掌控中國大陸政權的早期，當時由於要學習蘇聯的教育制度，經政府策劃實行全國性的院系調整，將北大、清華、燕京等大學中的自然科學、人文社會科學及語言學科集中起來，辦成所謂「綜合性大學」，與此同時，還建立了專門的「工科大學」（如清華大學、北京航空學院、上海交大等）「醫科大學」（如北京醫學院、上海醫學院等）「農林科大學」（如北京農業學院、北京林學院等）「政治大學」（如北京政法學院等）以及其他的專門性大學（如北京礦業學院、北京地質學院、北京外國語學院等）這種大學配置或分類的架構，當然來源於蘇聯的社會主義的計劃經濟體制。包括人才的培養，一切皆強調計劃性。當時主張，各類學校學生從入學開始就要明確地選擇劃分得很細的「專業」，三年級（大三）以後又要選定該專業的更加細化的專門化的學科，且一般而言不允許學生中途轉專業。教學計劃及課程大綱由國家教育部領導制定，必須要嚴格執行。教學安排強調加強基礎，大部分課程是必修課，學生可以選修的餘地極小。專業範圍又劃分得非常狹窄，培養的目標是某方面的「專門家」，例如數學系的學生，不僅要培養其成爲數學家，而且進一步要細化到要求培養成爲代數方面的專家或微分方程方面的專家等。學生畢業以後由國家按計劃統一分發，分發的原則是要「專業對口」，如果不「對口」可以要求調換工作。這種教育思想的弊病是顯而易見的：首先是各類學科被分割在不同的學校，理科的學生不瞭解工程的背景，容易脫離實際；工科的學生容易只重技術、輕理論、缺乏深厚的理科基礎，更缺少人文、社會學科的陶冶；農、林、醫科學生則與深入研究化學、生物的學術相背離等等。其次，學生所學的學科被劃分專業過細、專業分得太早，所學的知識不是金字塔式的（下寬上尖），而是電線桿式的（細而高），缺乏進一步發展的基礎。再其次，是教學計劃過分統一、呆板，使學生自由選擇的幅度太小，千人一面，忽視了學生自我性向和個人專長、愛好、創造性一些因素，難以做到因才施教的教育的成效。「文革」後隨著社會和科技的發展以及「開放政策」的推行，矛盾也就更加突顯。大學在不斷地改革，最初還是局限在蘇聯模式的框架中，這使許多學者感到必需衝破此一束縛，轉變教育觀念，作較大的變革。直到九〇年代，已有不少新的認知和實際措施，例如工科院校辦理理科和文科專業，加強不同類型大學之間的交流、合作；藉以擴寬專業劃分範圍；對低年級學生開始重視、加強通識教育、淡化專業、增加大學生選修課的比例，進而推動科際整合等。

一九九二年中共明確宣布，開始由社會主義計劃經濟逐步轉變爲社會主義市場經濟體制。於是各方面都在問：大學培養出來的學生怎樣才能適應市場經濟的需要？因而數、理、化、文、史、哲等基礎學科專業受到冷落，考生銳減，在校生也不安心。許多學校爭先恐後熱門專業，例如房地產管理、文秘專業等。一時又出現了不少應時的專業名稱。又如旅遊歷史專業、農業英語專業，公關專業等。類似的專業越劃分越細，例如化學方面有化學專業、應用化學專業、化工專業、精細化學專業等。考生湧向時興的專業，在校學生也心向易於求職的專業，不少人要求轉熱門專業，熱衷於選應用性強的課程，而對加強素質培養的基礎性理論缺乏興趣。這種情形事實上並沒維持多久，幾年後就發現有些專業辦得太多，學生供過於求，而且學生所學過窄，通識教育不足，要想在較寬廣的範圍內就業和求發展，困難自然很大，這裡就引發出一個值得思考的問題，培養甚麼樣的人才，方能適應社會日新月異的發展？今天市場上包子走俏就辦包子專業，明天市場上餃子吃香，就辦餃子專業，那麼包子和餃子倒底有沒有共同之處？是否應該辦一個麵食專業，把做各種麵食的基本知識，基本技能教給學生，同時把足夠的，諸如「營養學」、「中國飲食文化」、「世界飲食史」之類的「通識」教給學生。學生的基本素質提高了，應變的能力自然也就加強了，將來在社會上可以「以不變應萬變」，適應不斷發展的需求。在這次衝擊中，大家對通識教育的認識實在有很大的提昇。

憑實而論，大陸上對通識教育的研究尚在醞釀階段，有關文章的發表，主要包括：1.編譯了國外部分大學通識教育教學計劃和實施作法的資料；2.針對政策要求作了一些解釋性的工作，如解放後高等教育理論界從向學習蘇聯的政策要求出發，批判通才教育。3.實際工作的經驗性總結，如從專業教育在大陸實施卅多年所暴露出的弊端出發，對過分專業化提出批評。4.從改革現狀的迫切要求出發，對袪除過分專業化的弊端提出各種改進意見。如「加強基礎擴寬專業口徑」、「文理滲透」、「跨系選課」、加強大學「人文教育」和「素質教育」等想法，這些想法在措施上可能與通識教育某些要求吻合，但並未明確從通識教育的角度提出，更沒有進行過嚴格論證。再就大陸近年來研究情況看，主要是對國外（尤其是美國）情況的介紹而對國內通識教育思想和實踐的研究極其薄弱（註三六）。

二、國外通識教育：

㈠**德國的通識教育**：德國大學是研究的園地，它已不再傳授通識教育，或以培養「全人」爲目的。通識教育的課程是在廣義的高中——非僅指傳統的精英中學Gymnasium，而是包括專業職業學校，統稱Sekundarstufe II。高中共四年，學生均已分科上課。通識教育之進行，即配合此分科之授課內容。德國各邦組成之「教育委員會」替高中教育訂下共同的目標：不論各類學校之重點有何不同，它們都必須有一致的學習程序，並且必須超越所有的「專業教育」以及「全人教育」的區分。每門課程都必須在傳授專業知識的同時，注意該門知識與學生人格成長之關係。這樣的作法是要將學生的專業能力與其社會人文能力併在一起培養。社會人文能力指：學生必須要能自覺到自己的責任，並且在家庭、社會、國家及歷史中找到自己的定位。其教育的出發點，不是把專業知識的學習與社會人文能力的學習一分爲二，視爲兩種不同的學習過程。相反地，這兩個目的必須在同一門課目中，同時體現。這樣的教育目標如何在學校落實，從課程規劃及課程內容上，大致則分爲三個部分：

1.專業焦點課程；2.必修共同課程；3.選修課程。

德國高中教育並非由聯邦中央政府主管，它是各邦主權的一部分。但是，由各邦代表組成的教育委員會卻在各自爲政中，預先統籌出一些共同的方向。通識教育的原則在此委員會中被確定；這些原則又以不同的方式，及教科書多元的作法加以實現。各邦高中專業科目之課本及教學也許互異，但通識教育的內容都必須依上述原則落實在專業科目之中（註三七）。毫無異議的，這一點在德國而言，是全國一致的。

(二)美國的通識教育：

1.古典文雅學科：美國獨立後，一方面在情緒上想割捨或拋棄英國的遺風；另方面在實際上要培養各種人才作爲建國和發展的需要，大學教育就不再只限於文雅學科的教學和培養牧師爲主，因而新興的科目如現代語、法律政治、自然科學、工藝技術等開始大量的教授。甚至開始質疑傳統的古典文雅學科有多少價值和功用。但是，耶魯（Yale）大學的教授們爲了維護古典文雅學科，卻發表了著名的「The Yale Report of 1828」。這是美國高等教育史上，第一篇正式爲共同必修科目作出的強而有力的辯護文獻。報告中強調，大學教育的目的，在於「提供心靈的訓練和教養」（to provide the discipline and furniture of the mind）。「訓練」係指要擴展心能的力量（to expand the powers of the mental faculties），而「教養」是指要充實具有知識的心靈（to full the mind with knowledge）。耶魯的教授們認爲古典文雅學科就是達成這種訓練和教養的最佳選擇。報告嚴厲拒絕大學中開授實用的技藝科目，主張提供心能訓練最好的科目是古典語文，認爲現代語的教育價值不高，而職業的專門科目根本不應在大學中存在，主張傳統的講述和反覆背誦是最直接有效的教學法。並堅信共同學科的廣博學習是學生未來從事任何行業所必需，而且最重要的科目（註三八）。

Yale Report發表之後，次年A.S.Packard在North American Review中發文支持那魯報告，並用「General Education」兩字申論共同科目學習的必要性，這是「通識教育」（General Education）一詞最早在美國大學的正式出現（註三九）。

2.自由選修的形成：由於大學要培養的是重建和開拓美國所需的士農工商各行各業的人才。大學不能再孤芳自賞地隔離群衆，相反地，大學要扮演服務社區的功能，爲社會的需要而施教。大學除了早年英格蘭式牛津劍橋的「教學」功能，以及其後引進德國大學的「研究」功能之外，第三個功能——「服務」（Service）便應用而生。芝加哥（Chicago）大學，其第一任校長將牛津劍橋的「教學」，德國大學的「研究」，和美國本土發展的「服務」三種功能結合，作設校的宗旨和目的。維斯康辛（Wisconsin）大學校長；更將該校扮演服務的功能充分發揮。認爲維斯康辛大學的教學和研究，目的是爲全州的農業畜牧、工業生產、商業行銷等以及全州人民而服務的，其教學和研究的成果，是要向全州推廣的。大學在服務和推廣的功能中，便發展了推廣教育的建教合作以及通訊教育的課程。

美國大學發展至此，上大學就是讀學位的觀念，因而改變，大學的功能不一定就是提供完整的某級某類的學位課程，上大學不一定就是拿到學位，而是要解決工作上或生活上的某些實際問題，或是要在大學中選課滿足精神上或心靈上的某些形上需求，就現今通識教育的觀點而言，這是相當務實而又理想的（註四〇）。

3.通識分類必修：在美國大學盛行自由選修期間，由於沒有任何限制，帶來不少弊病，其一是自由任選之後學生所學欠缺系統，零亂雜漫；其二是過度集中某一學門領域，形成偏狹窄化，其三是沒有全體學生的共同必修科目，難以形成共同的文化，這三者皆非大學教育的旨意。於是，又有主修（Concentration）和分類必修（distribufion Requirements）的規定，皆被許多大學所採用。同時採用之外，是通識課程中新設了綜覽概論性的科目（the survey course），係將廣泛的學術知識作大綱概要式的介紹，其理論基礎是認為人類知識不斷的擴大增加，不用這種概論性的介紹，學生難以獲得當今知識的全貌。這類課程的設計，注重事件的邏輯（logic of events）而非科目的邏輯（logic of subject matters），重點在使學生對不同科目有廣泛的初步了解之外，是用人類整體知識的進展依事件邏輯先後次序作介紹，可使教材相連貫，使學生得到人類經驗的完整性。其後這種概論介紹性的科目，在各大學中相當盛行，例如哥倫比亞（Columbia）大學著名的「當代文明」（Contemporary Civilization），更成爲各校參酌仿行的範本，內容即是將西方人類文明，從政治、經濟、建築、藝術、工藝、科學、航海等多方面作綜覽性和介紹性的說明與探討，此項「當代文明」科目，是所有學生不分科系均需修讀的（註四一）。這些課程多係人文、社會、和自然科學的綜合性探討，亦具有整合性的意義。

4. 哈佛的紅皮書：一九四三年，哈佛大學校長有感於戰後民主世界和自由社會中，大學的角色和功能的問題，特別是通識教育的問題，因而任命哈佛的教授以及校外學界知名人士，組成「自由社會中通識教育的目標」委員會，委員會經兩年的研究，於一九四五年戰爭正好結束時提出報告，名爲「自由社會中的通識教育」（General Education in A Free Society）該書用哈佛的傳統深紅校色爲封面，由於出刊後廣受注意和討論，日後影響也大，因而習稱爲紅皮書（Redbook），甚至被稱爲二次戰後通識教育的聖經。

「自由社會中的通識教育」，宣示通識教育之目的在於培養「完整的人」，此種人需具備四種能力：(1)有效思考的能力，(2)能清晰地溝通思想的能力，(3)能做適切明確判斷的能力，(4)能辨識普遍性價值的認知能力，並認爲通識課程應包括人文學科、社會科學、自然科學三大領域。

在此更要特別指出的是，哈佛的「紅皮書」所規劃和建議的，並未侷限於大學，而是著眼於整個自由民主社會中，健全完整公民的養成，因而特別注意到中小學階段就應在通識教育方面著手培養，因爲未必人人都上大學，但是中小學卻是當時美國的國民義務教育，人人都需在中小學時期即能對自由民主的本質和人對社會的職責，有充分的認識，才能因尊重自由民主，以對抗極權暴政。該書許多篇幅是在探討中小學如何實施通識教育。哈佛「紅皮書」將通識教育的養成階段，由大學擴及中小學，視通識教育爲人自幼至長，終生學習和實踐的觀點，比諸以往的各項方案理念，確實宏觀而且深遠（註四二）。

5.通識教育近況：美國大學部學生在體制上雖然不分系，但在數十年前，由於各專業知識之蓬勃發展，學生在大學部階段自然加緊提前準備，集中精神在主修科目上。因此許多教授發現一些培養高等知識份子的教育理想，已經有些名存實亡。哥倫比亞大學最先提出所謂核心課程（Core Curriculum）。既然名爲核心，就代表每位學生都要參與。芝加哥大學接著也跟進，爲了強調其共同性，更稱之爲共同核心（Commun Core）。學生在通識教育之份量要求上，大致是其總修課數的四分一到二分之一。如哈佛大學，大約四分之一。而在芝加哥大學，他們將畢業學分分爲三部分；第一部分是共同核心，佔二十一門課；第二部分是專業主修（Concentration Programs），包括九至十三門課；第三部分是自由選修，包括八至十二門課。至於其師資主要來至各研究所專業師資，人力不足則會選資優博士班研究生支援。最後談到通識教育之修課方式，除了像哥倫比亞大學全面共同必修以及哈佛大學在八大類各選一門課的平均選修方式外，另外有一種非平均式之選修。像麻省理工學院（MIT）的通識教育規定每位大學生畢業前必須修足六門科學類課，其中包括物理、化學、微積分與生物；八門人文、藝術的社會科學類課；兩門選修和一門實驗課（註四三）。

(三)日本通識教育：

1. 實施概況：日本在戰後，美軍顧問團監管時所規定教養課程必須包括人文科學、社會科學、自然科學各十二學分，外國語八學分，體育四學分，合計四十八學分。至一九七一年調整大學課程時，將教養課程中之人文、社會、自然科學三領域必修學分數降爲八學分，合計三十六學分。在日本臨時教育審議會成立後，通盤檢討教育改革問題，基於大學教育朝向「自由化」方式調整之目標下：對於教養課程學分之配置及規劃均予各校較大的彈性，目前僅規定基本教養課程三十學分。至於課程之內容與架構均由各校自行訂定。

2. 教養學部：過去日本的大學教育對教養課程頗爲重視，且課程份量甚重，因此學校乃組成專責單位負責，即所謂之「教養部」，一般公立大學均有類似組織，私立大學則在經營理念，資源運用效益以及就業導向的目標下，教養課程多直接歸屬各專業學部規劃。「教養部」之設置，其基本目標原希望能使大學生從一般教育（通識教育）進入專業教育理想的過渡，並提供學生更理想而完整的大學教育訓練。但「教養部」設置一久，即衍生出諸多問題。於是乃有廢止「教養部」的構想，以調整教養課程的改革，在日本歷經相當長時間的努力，但仍是相當保守。但不論如何，他們對於課程更為一貫性，提高一般教育水準甚至教育自由化，讓學生在課程修習上有更大彈性等方面均有相當程度的改變。

3. 各大學通識教育實況：東京大學設有「教養學部」，所有大學生入學的前二年均由教養學部負責施教，後二年再進入各專業學部接受專業教育。新制改革後，教養學部仍然存在，學生入學後前二年仍然接受教養學部提供之教養課程，但不同的是其按不同類組的學生差異，提供不同的課程。御茶水女子大學：學生入學即分屬各學部、學科，由各學部提供專業課程與教養課程之教學。日本大學：亦由各學部提供專業課程及教養課程之教學，不過，其中教養課程均集中在一、二年級。京都大學：將「教養部」改組成立「綜合人間學部」，與其他專業學部性質相同，教養課程則分別由各學部開設，學生可以到其他學部修習，不過仍以「綜合人間部」開設之教養課程比重最高，約佔所有開設教養課程的九五%，而就業課程也並不集中在一、二年級實施，而是混合在四年課程中。關西大學：學生入學後歸屬各學部（院），由各學部提供專業課程及教養課程。唯教養課程之師資則由各專業學部之教師擔任，自然科學由工學部教師擔任（註四四）。

肆、元智大學通識教育的實施概況

元智大學係一所新創的高等學府，成立不久爲服膺教育理念，於民國八十年（成立後第二年）先由教務處負責規劃通識教育組織架構、課程訂定、師資安排等工作。適於八十二年教育部爲推動通識教育，選定四所不同性質的大學院校率先規劃，元智爲其中之一。因應教育部交付的此項任務，首先成立「通識教育委員會」，邀請校外各大學知名教授爲委員：如台大黃俊傑教授、尹建中教授、東吳劉源俊教授以及清華王俊秀教授等共同參與元智通識教育目標的釐訂與課程設計及改進。

一、教育理念

元智的教育理念：「卓越、務實、宏觀、圓融」，當時業經定讞，故其通識教育乃秉承此一理念，以培育獨立、自主、敬業、樂群的人才爲目標，期望能孕育出術德兼修、知行合一的一流菁英，奉獻社會國家，其系統圖示如下：

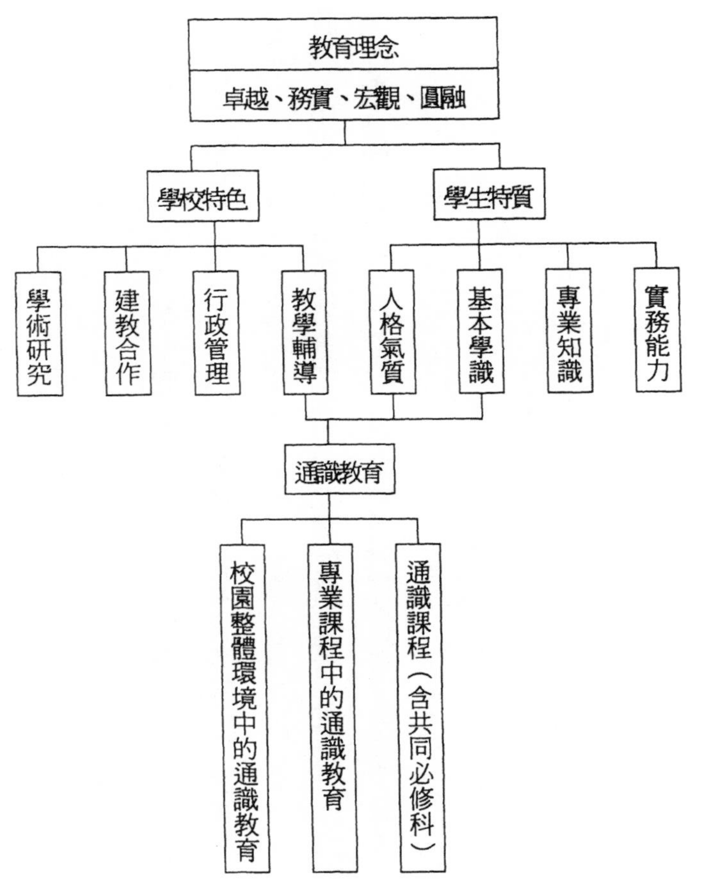
教育理念
卓越、務實、宏觀、圓融
學校特色
學生特質
學術研究
建教合作
行政管理
教學輔導
人格氣質
基本學識
專業知識
實務能力
通識教育
校園整體環境中的通識教育
專業課程中的通識教育
通識課程（含共同必修科）

在各委員集思廣益，幾經討論與交換意見之後，復議定通識教育在元智，要信守並做到下列原則：1.元智化—依教育理念、學校特色、學生特質設計相關課程；2.彈性化—考慮將預定二十八學分調整至三十二或四十個學分；3.宏觀化—由本土而世界觀；4.多樣化—共同必修科初步通識化；5.潛在化—環境與訓輔方面的配合。

二、組織架構及其演變

民國八十一年成立「共同科籌備處」成為本校正式單位。次年八月納入軍訓教育、體育教學、人文藝術中心等相關業務，同時，更名為「通識教學部」，位階提升與學院同級。民國八十六年因應應用外語系、人文社會學院籌備處、中語系籌備處相繼成立，經核定再更名為「通識教育中心」。

(一)當前「通識教育中心」的編制：1.人員配置：中心設主任一人，綜理通識教育有關業務，由校長聘請教授兼任之。另置專任職員兩人，專任教師若干人。2.組織運作：(1)通識教育委員會；(2)通識教育中心課程委員會；(3)通識教育中心教師評審委員會。

㈡師資之聘任：爲符合教師聘用審查之三級三審制度，對通識教育有關之教師聘任、升等、進修等事宜，先由通識教育中心教評會審查後，依聘用教師之專長領域，提送相關學院教評會複審，最後提請校教評會討論議定。（按：元智大學通識教育中心教師一覽表從略）。

三、通識教育課程的設計

早期採多元化，其內容爲：

㈠語言訓練教材如（簡要文法）（文法的修辭）（應用文）（國文閱讀與寫作）等，佔一〇%。

㈡文化素養教材：經史子集各類與中國文化相關的內容，如經部之（易經）（詩經）（禮記）（春秋三傳）（四書），史部之（左傳）（史記）（漢書）（戰國策），子部之（莊子）（老子）（荀子）（韓非子），集部之（花間詞）（楚辭）（李杜詩）（歐蘇文）等，佔四〇%。

㈢文學陶冶教材：以文學爲主的各類古今詩文，如（現代文學）（臺灣文學）

（古典詩）（詩詞曲之美）（曲選）（古典小說）（歷代文選）（戲劇欣賞）等，佔三〇%。

㈣入門概論教材：如（國學導讀）（讀書指導）（文學概論）（中國文學史）（中國哲學史）等，佔一〇%。

㈤生命哲學教材：如（中國哲學史專題討論）（佛教與人生）（道家思想探討）（儒家哲學的現代意義）（法家與現代社會）等，佔一〇%。

四、其他相關設計

㈠學分數如能保持八學分，較能容納通識化國文課程內容。

㈡學程方面，宜分三年實施，一則可以配合課程內容深淺度而開設，如老子、莊子等思想性課程可開在二、三年級，較能符合學生的成長途徑；二則可使學生在三年內持續有人文學科的陶冶，不至於在大一之後疏離國文，曠廢日久。

㈢套餐式設計可採三階段組合：

語文的　文學的　↓生命的

常識的　↓　文化的

如學生可修：2學分（語文性的）＋2學分（文學性的）＋2學分（文化性的）＋2學分（生命性的）＝8學分國文。自助式設計則無此限制，開放讓學生自由選擇。

(四)教師資源可多用校系合作，或兩三位教師合作教學的方式。

(五)語文課宜採小班訓練，有作文批改等。

元智外語通識化部份爲提供本校學生有更多學習的機會，並延續其一、二年級的外語課程，通識課程中亦納入相關課程，以兩個循環方式開課，每一循環皆涵蓋文學與文化及專業語文兩部份，每部份所開課程視需求而有所增減，其中專業語文部份採小班制，每班以三十人爲上限，並盡量聘請具碩士學位以上之外籍教師授課。文學與文化包括名著選讀、言語與文化、西洋文學賞析、中西文化比較等課程。專業語文包括新聞英語論文寫作、進階外語、實用英文寫作、英語演說、外語精修等課程。針對課程需求，每學期舉辦演講、座談等活動，以配合教學及提升人文素養，使外語教育更加實用化與多元化。

其構想圖表示如后：

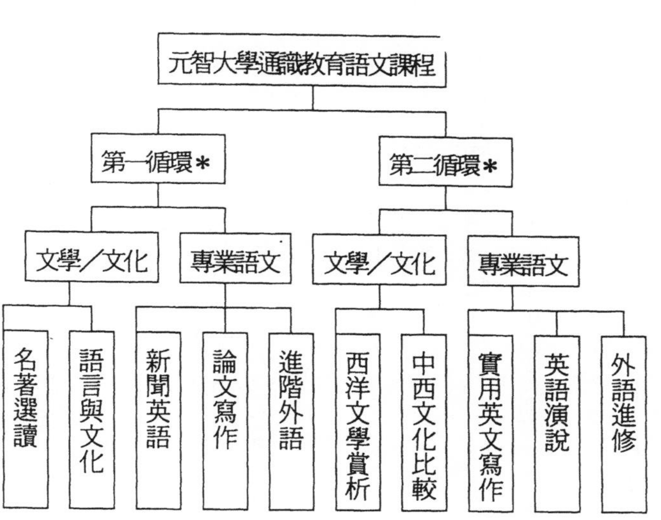

＊ 課 程 視 需 求 情 況 增 減 。

在日常生活當中，「大抵小至個人之思想行爲，大至社會結構，人際關係，以及國家體制，非歷史產物者幾希？歷史是貫通的，人無法不承受往昔好好壞壞的遺存，有此體會與認識，乃謂之歷史意識」。然而，今日學生對歷史的看法，亦如共同科其他學科，被視爲應付性學科，營養學分。加之「近數十年來，教條化的意識形態與功利主義的觀念，對教育的發展造成極大的扭曲」歷史教育不再受到人們的重視。司馬遷所謂：「通古今之變，成一家之言」，唐太宗所謂：「以古爲鏡，可以知興替」，以及導人以正而不犯過的正面作用，亦不復存在。如何導正這些錯誤的觀念，因應時下之遽變，理應從歷史課程之規劃與教學方法的運作，雙管齊下，方爲正策。

㈠中國歷史課程通識化之需求：就我國現行課標準而言，歷史教育自小學而中學，以至於大學，多有反覆重疊之現象，使學生喪失了學習興趣。俾學生能依其所好，按其志趣有更靈活及多重選擇性。

㈡斷代史專史或專題討論之設計：以未設歷史系所之大學院校，對「本國歷史」，可採多元化之設計。

㈢依此構想本校開課有：1.人文與中國歷史；2.歷史文獻導讀；3.中國文化史；4.中國藝術史；5.臺灣史；6.中國宗教史；7.中國政治思想史；8.中國社會思想史等。（參見張一蕃：「通識課程規劃與研究」）

五、由性質與內涵規劃的通識課程

通識課程由性質及其內涵規劃，計有：

㈠人文科學：生活的

自身生活的領域，由生理面的物質滿足提升至心理面的精神安適自在的過程。

文學講座、藝術講座、心理學講座、宗教哲學講座、兩性關係講座

㈡社會科學：文化的

自身與社會環境和諧共存，回饋共生。歷史講座、社會學講座、倫理學講座、經濟學講座、法學講座、應用科學講座

㈢自然科學：生命的

自身與自然世界的關係，生命傳遞的意義。

人類學講座、醫學講座、哲學講座、未來學講座、生命科學講座

㈣其他：元智推行通識教育除課程之外，尚在以下幾方面，精心設計：

1.組織方面—成立通識教學部與「院」同級。

2.資源方面—享有與各院同等經費含資本門，經常門。

3.人力資源—依課程需要適時進用，借重區域資源擔任講座，使之更為便利、更具彈性。

4.多重輔導—成立「德」「智」「體」「群」「美」「未來」及「人文」研究室，作為通識與訓輔結合之橋樑及提供研究天地。

5.輔導專冊—由各研究室依不同主題完成各類參考手冊。

6.加強藝文—計畫成立藝文走廊展覽各家作品。（目前已成立藝術中心）

7.宿舍輔導—家族式導師進駐宿舍，從生活中體驗通識教育（註四五）。

六、目前通識與共同學科學分數

元智通識與共同學科學分數為：㈠本國語文4學分；㈡外國語文12學分；㈢本國歷史2學分；㈣憲法2學分；㈤通識課程12學分，分為人文、社會、自然三大領域。應修12學分中，領域至少須選兩個學分。（請參閱附表一）

伍、北京大學通識教育的具體措施

中國大陸在過去兩次對通識教育的衝擊中，北京大學始終保持著比較冷靜的態度，堅持從一九八六年開始重視通識教育的方針。由於堅持重視素質培養的改革道路，因而衝擊帶給北大的影響不大。首先他們認爲通識教育的必要性和作用應包含幾個方面：1.全面提高學生素質；2.使學生的業務素質建立在深而寬的基礎之上；3.使學生具有跨學科發展的潛力。

近十年來北大教學改革的原則是：「加強基礎、淨化專業、因材施教、分流培養」因此北大過去曾發動好幾次全校教師參與的研究討論，在此基礎上提出並實施一系列改革措施，其中好幾方面與加強通識教育有關。一九九三年在一個文件中，明確的指出：中國大陸長期在集中統一的計畫經濟體制下形成的教育體制有不少的弊端，在十多年的改革進程中，雖然有些弊端有所克服，但由於舊體制影響深遠，弊端依然不同程度的存在，主要表現在：

1.學生的學習束縛於一個專業，許多專業劃分過細，分專業過早，教學內容過窄，學生一選專業就企圖定終身，教學全過程爲狹窄的專業需要服務；

2.教學過程通常過死，難以在保證基本需求前提下發揮學生的學習主動性，缺少因人而異，因材施教的餘地；

3.學校爲學生成長包得過多，要求所學知識終身夠用，教學過程缺乏競爭機制和克服障礙的鍛鍊，教學方法較爲死板；

4.培養過程比較封閉，不同程度地與社會脫節，校內各系之間也缺乏聯繫與交流，不少課程的設備與教學內容比較陳舊。

這些弊端使培養出的學生難以適應市場經濟體制和科學技術迅速發展下，產業結構、業務方向、職業崗位迅速變化流動的形勢，削弱了他們在人才市場上的競爭力；不利於今天科學技術綜合交叉趨勢中使學生成長爲第一流的有開創性的人才，也難以發揮綜合大學學科齊全的優勢。針對以上弊端，進行教學改革，要解放思想，轉變教育觀念。首先需要轉變和樹立以下觀念：

1.改變長期形成的大學本科培養專家的觀念，本科階段主要是打好素質基礎，尤其要培養自主獲取知識和自我發展的能力，要樹立終身教育觀念；

2.樹立學生學習主體觀念，改變在組織教學過程中遷就教師現況，因人設課，不以社會客觀要求爲根據的現象，發揮學生學習的主動性；

3.改變封閉式教學，樹立開放教學觀念，廣泛吸引社會上有實踐經驗的專家參與教學，鼓勵學生在學習過程中參與社會實踐；

4.要特別強調以嚴洽教的觀念，克服要求和管理不嚴的現象，在教學過程中樹立競爭觀念，提高教學效益。

在轉變教育思想的基礎上，北大施行了一系列措施，列舉如下：

一、全面研究課程體系和調整教學計畫

立足二十一世紀人才培養的要求，擺脫現在教師現狀的束縛，設計出一套理想的課程體系和課程大綱，在此基礎上調整教學計畫，要求此一計劃特別做兩方面的考慮：

(一)給予通識教育以足夠的重視，在教學計劃中加以保證；

㈡減少課內周學時數，給學生留出多一點課外學習時間，以及更多一點自由選擇的餘地。

在教學課時分配上，要在三個相互聯繫又相互矛盾的方面（即打好基礎與拓寬知識面，知識的傳授與能力的培養，基本理論的素養與應用能力的培養）找到科學而可行的平衡點。要求各專業的教學計畫在課程設置上分成三個層次：

1. **全校公共課程（即全校通識基礎課程）**

全校公共課程分成五個課程系列：⑴政治與德育系列課程；⑵體育與軍事系列課程；⑶外語系列課程；⑷計算機科學系列課程；⑸文化與藝術系列課程。要求各專業學生必需在每一種系列課程中選滿規定的學分，不同專業求大同存小異，有的課是必修，有的課是在若干門中選修，這一層次的課約佔總學分的30％。

2. **學科大類級的課程**

在設計這一類課程時，仍然要注意貫徹加強通識教育的指導思想，要求各系爲學科大類內學生開設出必修或選修課程。教學計畫中要求學生在進行深入的本專業課程學習之前，在一年級學科的級別上有較寬的基礎知識。例如生命科學學院有六個專業，所有的學生必需共同修滿六門基礎課程，並在另兩門課程中選讀一門；法律系有三個專業，教學計劃要求修滿六門共同的基礎課程。另一方面，學校還要求各系提出爲學科大類外學生開設的必修或選修計畫。例如，數學科學學院爲全校開設的B、C、D類以及專爲文科學生開設的高等數學課程；歷史系、中文系、哲學系及幾個外語系等開設的中國通史、中國文學簡史、中國哲學簡史、第二外國語、以及許多文理交叉的課程等，都是面向非本系學生的。

3. **各專業的專業課程**

這類課程也要求分成必修和選修兩部分。

二、拓寬專業基礎的幾種特殊教學計畫

在加強通識教育的指導思想下，學校建立制度允許部份學生修讀雙專業、雙學位以及輔修專業。學校還設置了交叉型的特殊教學計劃：如，法語與經濟專業交叉，理科各專業與法學交叉的知識產權雙學位專業等；又如執行理學試驗班教學計劃，理科各系學生均可參加（擇優錄取），在低年級加強數、理、化、生、地共同基礎；

執行文科綜合試驗班教學計劃，低年級學生不分專業，接受較寬的文、史、哲通識教育，三年級以後再開始在中文、歷史、哲學三個系選擇各自的專業，接受專業教育。

三、推行加強學生文化素質教育計畫

提高大學生的文化素質是世界各國高等教育部門正在探索的熱門問題。北大近兩年來明確把加強學生文化素質教育作爲提高教學質量的八項重要工作之一來做，制定並正在推行一系列的計劃（註四六）。除了鼓勵各系開設供全校選修的有關課程外，還有其他一些安排，例如：

㈠組織全校公共選修課程「名著名篇導讀」選取古今中外在人類文化和思想發展歷程中具有里程碑意義或有重大影響的著作和篇章，聘請學術造詣深，講課效果好的教師做啓發性的演講；

㈡組織「自然科學專題選讀」系列講座及東方文化系列課程。

㈢推出四年一度的「北大書友推薦書目」及「優秀文藝作品推薦目錄」（含書

目、影目、劇目、舞目、畫目等），以此鼓勵和引導學生多讀書、讀好書，自覺地提高自己的文化素質和藝術修養；

㈣與中央電視台合作製作大型電視系列片「中華文明之光」以及與美國南海有限公司合作製作「中華文化講座」電視系列片，爲此北大組織一百多位學者撰稿並參與拍攝。此系列片以中華文明發展的歷史脈絡爲序，上至遠古傳說下至辛亥革命，內容涉及哲學、宗教、文學、語言、藝術、歷史、考古、天文、地理、科技、民俗、中外文化交流等方面，包括了中國各民族在各個歷史時期所創造的優秀成果。系列片完成後不僅將對學校學生文化素質的教育提供幫助，而且通過中央電視台及海外當地電台的公開播出，將有助於中國全民文化素質的提高並在海外華人國際友人中產生影響。

四、支持學生的各種課外社團活動，建設「第二課堂」

學校鼓勵與支持學生的自我教育活動，北大把它稱爲學生的第二課堂。這是整個大學教育中的必不可少的重要組成部份，學生會每年要組織諸如「北京大學文化藝術節」、「女生文化節」、「電腦文化節」、「科技論文評獎活動」等等大型活動。學生以「修身勵志」爲主題，組織講座、展覽、演出、參觀、訪談等活動，以求多層次、全方位提高大學生的文化和科學素養。研究生會發起以「加強修養、提高素質」，「自尊、自重、自強」，「完善自己、發展自身」，「思考起來、行動起來、做時代先行」爲口號的各種修身活動。學校鼓勵與支持學生各種課外社團活動，全校現有各種學生社團八十七個，學生們自我管理、自我教育、自娛自樂，發展大量規模不同、形式各異的課外活動。他們還利用假期走向社會，走向大自然，進行各種調查、實踐、和服務活動。

通過實踐更深入地認識到，對學生的通識教育需要有一個大系統給以保證，它是一個多層次結構（見附圖所示）如果以學生所學的專業爲核心，爲了使學生學成以後，能適應社會的需要（圖示最外層）必須接受多方面的教育，既有教學計劃內的，又有教學計劃外的；既有課內的，又有課外的；既有校內的，又有校外的，教學計劃內又有不同層次的安排。總之，大學無疑是要培養掌握專業知識技能的人才，如果這是社會需要的紅花，那麼紅花還需綠葉的扶持，必須根深葉茂才能花團似錦、萬紫千紅，這就是北大的通識教育觀。

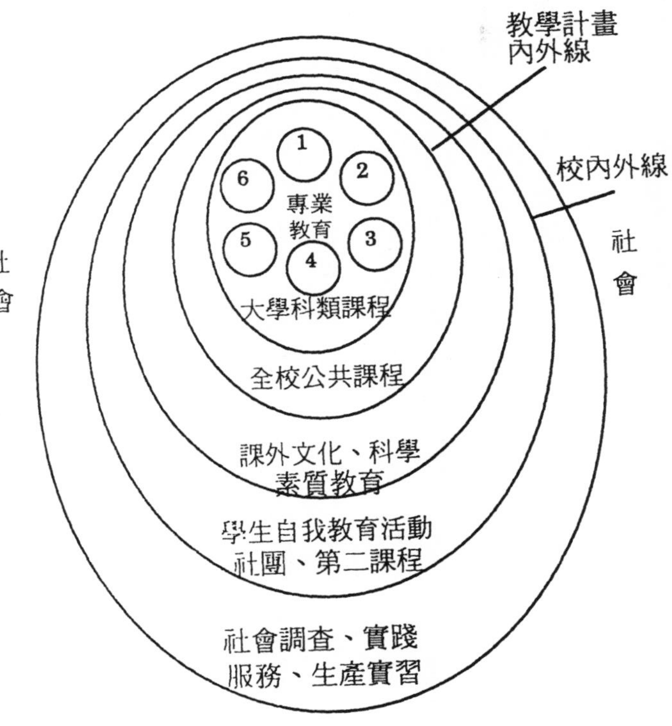

附圖　大學通識教育層次圖

1.雙專業　2.輔修專業　3.雙學位
4.特殊教學計畫　5.跨系選修課
6.文理交叉課

中華文化的精髓何在？這個重大問題的答案在看法上會有很大分歧，可以仁者見仁、智者見智，在此略做闡述：首先是愛國主義，中華民族的民族凝聚力與穩定性特別強，沒有國家就沒有民族的地位。有了國家，如果沒有外亂也難以出什麼愛國主義，因此這種愛國主義是中國幾千年的歷史環境所造就的，是中華民族極其寶貴的精神財富。其次是集體主義，以中國古代優秀文化遺產中幾乎找不到以各人爲本位思想的資料，大量出現的是關於人們對於家庭、社會、民族應當承擔的義務，提倡爲群體奉獻的精神。所謂「先天下之憂而憂，後天下之樂而樂」、「老吾老以及人之老，幼吾幼以及人之幼」。再者在中國文化傳統中倫理道德佔的成份相當大，例如講是非、辯善惡更是核心之一。所謂「富貴不能淫，貧賤不能移，威武不能屈，此之謂大丈夫」，由此引伸出「殺身成仁」、「捨身取義」，成爲中國歷代有識之士和志士仁人服膺的信條。對非的東西，對惡的東西，必不能遷就妥協，雖犧牲生命也在所不辭，這就是中華民族提倡的骨氣與氣節，這在別的國家是極爲罕見的。又例如中國傳統美德強調知過必改，應當「聞過則喜」、「過則勿憚改」，「過而不改是謂過矣」，這些中華民族提倡的精神，肯定會在我們造就青年一代完全人格的教育中起到積極的良好作用，這種作用是潛移默化、「潤物細無聲」的。

中國傳統文化遺產中包含有豐富的哲學思想，這對於提高學生的思想境界、改善思維方法會有幫助。例如，中國傳統文化中很有理論思維深度的「有對」之學（變易之學），它是人們對自然、社會和人生觀察所得經驗的概括，以「周易」的「小往大來、大往小來」、「無平不陂，無陂不復」到「老子」的「有無相生，難易相成，長短相形，高下相傾，聲音相和，前後相隨」，再到朱熹的「天地萬物之理，無獨必有對」。中國古典哲學思維的精彩之處，不僅是能揭示，並生動的描述出客觀的規律，更能進而發展到變易和轉化的觀點。認爲事物達到極限，就要發生變化，變化就能發展，發展就能創新，所謂「窮則變，變則通，通則久」。轉變是有條件的，在「孫子兵法」中將產生變易的各種條件，明確地把人的作用列爲最重要的因素。以「有對」思想中還引發出極有價值的「憂患意識」，所謂「安而不忘危，存而不忘亡，治而不忘亂」，「居廟堂之高，則憂其民，處江湖之遠，則憂其君，是進亦憂，退亦憂。然則何時而樂耶？其必曰：先天下之憂而憂，後天下之樂而樂」。

中國優秀傳統文化中有大量優美的詩詞，他們在陶冶學生的情趣方面的作用是不可低估的。學生情趣的高低，直接體現學生素質的高低，也是教學質量中必不可少的組成部分。

學生可以通過古典詩詞的學習與古代詩人在心靈上相溝通，學到優秀詩人屈原「獨立不迂」的優秀人格，「上下求索」的鑽研進取精神，學到李白在權貴面前桀驁不馴，不肯「低眉折腰」，對朋友對平民百姓滿腔熱情的高貴品格；學到杜甫「會當凌絕頂，一覽衆山小」「落日心憂壯，秋風病欲蘇」的堅強樂觀情緒。學生可以在山水詩詞的引導下，去培養欣賞大自然的能力，熱愛由日月、星辰、風雲、雨露、山川、草木、花鳥、魚蟲構成的人類賴以生存的自然環境，學會和大自然相協調，在心靈上與大自然溝通，提高修養、高雅情趣（註四七）。

北大特別提倡重視通識教育中的民族性，與注意現代化及國際性是相輔相成的，是一個有機結合的整體。當然在進行中華傳統文化教育中要貫徹「古爲今用」的原則，對材料的選擇注意其科學性和穩定性，取精華去糟粕不搞遷強附會。

近十年來，北京大學在通識教育的認識和實踐方面都有所進長，但是世界發展潮流洶湧澎湃，要始終保持優勢眞是「路漫漫其修遠兮，吾將上下而求索」（註四八）。理應與國內各大學共同研討交流，共同努力把本地區通識教育水準保持在世界先進之列。

陸、兩校通識教育的比較

從兩校通識教育課程的安排可分爲五方面來討論、比較：

一、自我超越

元智和北大都十分重視非專業方面的課程，爲了淡化專業，培養學生各方面的能力，兩校非專業的課程對不同的院系而言皆佔四之一到三之一左右，通識方面的課程不算少數，兩校爲了迎接二十一世紀環境變化劇烈的特點，可以說在爲教育脫胎換骨方面都努力在做超越舊制的工夫。

二、改變心智模式

北大提出公共課程、院課程及系課程各佔三之一的想法是相當有革新性，雖然其公共課程偏國家意識形態的課居多，不過其院課程佔三之一，就通識的觀點看亦是有相當的創新性，也就是說對一個機械工程的學生其工程背景的課（非純機械的課）亦是滿重要的，元智在這方面管院的大一不分系亦有其類似之處，若能大二亦不分系，那才更有創新性，相對北大的公共課程，元智亦有國、英文及史憲等課在三十二學分的「通識」課內，佔了二十個學分，也還是有異曲同工的地方，元智的三十二學分佔學生修習課程學分總數四之一，似乎還有再加學分的空間。

三、共同願景

北大對文學院的學生要求必修理科（4學分）藝術（2學分），對理學院的學生要求必修文科（4學分）藝術（2學分），藝術（2學分）是任何學生都需修的。元智是將類似的六學分，要求每位學生在人文藝術、社會科學及自然科學方面各修二學分。兩校的目的都是強迫學生能吸收一些自己不熟悉的領域的課程，免得學生太過偏狹，不過用這一點點的學分，在立意良善的情況下，究竟能爲讓學生接受到「全人教育」的共同願景注下多少能量，有待觀察。不過兩校卻注意到專業教育的缺失，有心改善是毋庸置疑的，不過通識教育這名詞在北大使用的不過廣泛，但顯然的，他們已經在逐漸接受及適應的階段。

四、團隊學習

北大在一九九八年出版了「北京大學面向二十一世紀教學內容和課程體系改革經驗論編」，書中的內容可以看出他們非常努力地以團體力量在思考課程體系的問題。元智在這方面有另設立校級的通識教育委員會及課程委員會處理類似的問題。兩校似乎都明白非專業課程對學生的影響極大，不能等閒視之，而這種問題亦不是一、兩個領導便能夠安排妥當的，一定要在團隊學習中，求得共識。另外元智利用元智基金，從事計畫探討，與座談會亦是博採衆議，一同學習的一個範例。

五、系統思考（註四九）

以學生選課的觀點來思考課程問題，最容易有系統觀。北大對課程分爲必修、限選與任選，必修中有公共課程與專業，限選大體是專業，任選則是任選他系之課（但任選中又限制必需選文學4學分，或理科4學分及藝術2學分）。因之必修課中之公共課程加上任選中之六學分可以算通識的最低門檻，若是公共課程加上所有任選課之學分課則是學生最多可以選的通識學分，在數學科學院內學生修通識課可由二四%—四一%，計算機科學技術系內學生修通識課可由二二．六%—三二．六%，力學及工程學系則爲二三%—二七．九%，電子學系二四．五%—三六．四%，中語文學系三〇．九%—三七．一%，可以看出北大工程學系通識學分最少，中語文等系整體偏高，工程學系的專業心態仍是相當重的。另外比例之橫跨度可表示該學域的開放程度，數學科學院及電子學系似乎最開放、最重視廣度，元智機械系學生修通識可由二三．四%—三二．八%，工工系由二二．七%—三三%，應用外語系二四．六%。元智管理學院學生，會計系的可以選通識課的學分，占總學分的比例由二二%—二九%，國企系由二一．六%—二六．三%。資訊學院學生，資傳系可以由二三．七%—二八．一%，資管系的彈性少，占的比例爲二三．三%。機械、工工接近北大之計算機科學技術系的狀況，元智外語系及資管系通識佔的比例在低標還算高，但其系規定選修課都要修其本系的，因此其開放度似嫌不足，當然其外語或資管的專業是該系要加強的，其態度反而接近北大工程學系的態度，或許這是「稀少性」系所所特有的心態與特色。因北大以文理著稱，元智以工學院起家，故工程學系在北大之狀況猶如應用外語或資管系在元智一般。（請參閱附表二）

柒、結　論

一、當前通識教育面臨的共同問題

通識教育除應有優良教師外，其內涵及結構的實施方式是係乎通識成效的重要關鍵，這方面前教育部長郭爲藩曾提出四大方式：1.舉辦有系統的專題演講；2.培養學術討論的風氣；3.大學教師的通識化；4.提高思考的時間。這些特點正是國際上不少知名大學所極力建樹的。

我國大學教育自清末實施以來，進入民國初年公佈新「大學令」（民國六年九月）之前，其實一直沒有離開「兼設文理兩科爲基礎」的人文思考，然而分科日細，功利實用主義日盛的今日，似乎也已偏離正道，於是近年來開始有一些學者通過傳統歷史知識份子關懷，進入通識教育，主張人文主義，黃俊傑的「我國大學院校的經營管理與運作」足以作爲通識教育相關措施省思的基石。黃氏引用克瑞莫（Crammer）七大功能論，指出大學教育在計畫、組織、編制與資源、引導、協調、控制、評論等七大方向的考慮。其中黃氏對課程與教學、學術活動、資源與經費等方面的考慮，頗足以作爲通識教育相關措施的參考。這比牟宗三只觸及師資問題；郭爲藩只觸及四大方式，更全面而具體。黃氏的七大功能論如下：

㈠通識教育課程目前依教育部規定只有四到六學分，到底該開設什麼科目，最好能與共同必修科目一起考慮。

㈡目前雖無法改變教學科目（學分數有限），但可以改變教學內容、方法和活動，如能結合授課教師成爲一個教學團體，當可集體努力加以改革。

㈢設法將選修科目變成有系統、有組織、有方向的「學程」。

㈣「學程」設計要適合社會變遷及個人需要。

㈤選聘一流教師，並重視教師發展（faculty development）上的學術條件、教學技能、專業技能、研究能力等層面。在這方面國外大學教學訓練的專題演講、座談、研討、實習等教師職前訓練方式可爲參考。

㈥以辦理學術會議，參與學術活動，定期出版學術刊物等方式來提振學術風氣。

㈦充足的資源供應，包括圖書、媒體、儀器、材料、空間等（註五〇）。

這些觀點從課程設計、學程安排到課程內涵的擴充、教師品質的提昇、學術風氣的開展及經濟、資源的補充等等，對通識教育相關措施的檢討都有很大的幫助。

由上可知，通識教育從硬體到軟體，從設備經費、教學人員到教學方法與教學活動都有必要整體考量，因應通識目標與宗旨而能有更新的變化，這點已爲學術界所共識。

二、一般學校常見的通識教育難題

除了認知上的問題外，一般學校常見的通識教育難題尚有：

㈠師資方面呈現缺乏與不佳；

㈡課程方面，雖多樣化但教學品質有待加強；

㈢學生方面，大多抱應付心理。

有些大學亦同樣面臨自主意識的阻力、本位主義作祟，沒有通識教育共識，人才不足，非屬課程的通識教育面臨規劃權責難分，經費人力無著；及結構性上的諸多問題，包括分課的做法，使妥協性高於理想性。由上可知通識教育在實施上確實面臨諸多難題。沈君山也指出三點：1.沒有人願意去管；2.沒有教授願意去做；3.沒有學生肯花時間去聽。主管當局教育部科技顧問室陳文村也語重心長的提出五點：1.對通識教育的重要性及概括性並無共識，各方對其內涵意見亦殊；2.教學與行政部門整合一致，要有一組織來面對，然而並未普見於大學中；3.教師難求，因爲通識教育是教導學生有寬廣的視野與綜合的能力去吸收各類現代知識，而專業知識豐富的老師未必能擔任此類課程，在能教者不多的情形下，課程流於形式；4.大學很少注意課外活動及校園文化，且根據此方面安排課程；5.部份系、研究所和教師團體以自我中心態度面對通識教育革新。不過，吾人也不必因此就心灰意冷，其實就算在美國通識教育也是受到許多的批評：

(一)通識教育理論上是好主意，但事實上很不好；

(二)通識教育不受學生歡迎；

(三)美國大學生水準參差不齊，難以設計共同的通識教育課程·

(四)通識教育對學生的經濟價值不大；

(五)通識教育課程的內容因人而異，無法確定；

㈥通識教育安排的時機不當；

㈦膚淺的通識教育課程並不見的比讀報紙雜誌、聽講演或參加其他活動更有內涵，因而是不必要的；

㈧應該先求專精後求廣博，更能觸類旁通（註五一）。

針對以上所言通識教育之各種困難或問題，如果想治本，就應該用正常解，如果只想治標，那就用症狀解，用症狀解，可應付一時，但終究不是辦法。正常解是這樣的：每個學校應有專門的人員策劃此事，並且這群人的意見當能影響學校的高級主管，另外找尋良好的師資及規劃良好的課程亦非常重要，且課程不宜過少。目前有些學校，爲了學生一時的需求，開設一些流行的課程，眼光不遠，固然一時滿足學生心願，但長遠眼光看來可能了無意義，另外常常爲了表面好看，課程也許開了不少，但師資要求不嚴，課程名稱看似不錯，但其中空洞無物，有灌水之嫌，這些都是症狀解，牙痛吃止痛藥豈能解決問題，正常解是改良通識教育眞實之道，應是沒有什麼捷徑，只要踏踏實實地去行。

通識教育大家都在實踐，一般以爲美國的通識教育，搬過來照做就好，但恰如劉源俊所謂：我們沒有藉機會全面檢討自己的通識教育內涵，只是在既有畸形老套架構上拼湊了一件縮了水又變了形的舶來品，使人更難認清我國高等教育的宗旨。此外它也有一些實質困難，包括師資、教材、教法、設備、排課……。雖然在推動通識教育尚有一些實質的困難及問題點，爲基於已形成共識的教育理念，學校理當更予鼎力配合，使組織、設備、空間、經費……方面均無任何問題，師資也在加強延攬或借重社會資源中獲得解決。過去或許大家對通識教育看法是多開幾門課程，菜樣越多變化越多，就達到通識教育的目標。其實未必是如此，就如米勒氏所言，通識教育還不即等於博雅教育；也不即同義於各學門研究而已；不即等於指定的課程，它應是自覺性的，廣泛性的，不局限於課堂活動，它也是關注民主的過程及民主社會的需求。至於改革性作爲方面，倒是可以通過多辦workshops或seminars的方式或者開發一些新的知識或技巧；課程的翻新；成立配合寫、說的類似學習中心；有一負責的委員會；強調某一水準的課程或者是特定性的課程……都可以考慮安排。今後更可發展經驗性的課程領域及概念的跨學門課程；在時空上需聯繫專業性與共同性；並有評鑑及評估的策略。總之通識教育理論中外皆有，如何兼採各說，取菁去蕪，加以融會貫通，設計出一套符合自己環境需要的課程或制度，將是有心於通識教育投入者，自勉自勵的目標。

不過如同黃俊傑所言，臺灣高等學府正面臨「精神資源的貧乏」，缺乏以學術爲終身志業的典型人物，「工具理性」凌駕「價値理性」，「職業訓練所」的性質遠超過於「追求眞理的殿堂」的性質。大學校長逐漸變成政治人物，呈現理想主義的失落，因此他呼籲以通識教育的實踐重振大學園中的理想主義，爲大學再注入精神資源。

衆所周知，大學教育係深受人文主義思想的影響，目前卻有人文教育萎縮與不平衡的現象，造成文化斷層，可從以下的困境與隱憂窺知一二：

(一)社會價値體系的混亂與低俗。
(二)缺乏文化發展指標的指引。
(三)生活環境缺乏美感的秩序。
(四)文化創作與消費素質不高。
(五)資訊化加深造成文化衝擊（註五二）。

這些現象唯賴各大學引進系統性人文藝術教育加以提昇，事實上也就是今天通識教育重要課題，其實我們深知通識教育在人類、文化、國家間，關係愈緊密的時代中，意義重大；在資訊暴增的環境要注重那些較長久的智能訓練？面對多元化的學生素質與志趣，是否能建立一套達到教育理想的標準課程？通識教育的組織架構如何激發教授、學生的智慧火花？這些基本的思辯顯示了：通識教育更需要靈活的教學、尊重自由學習的精神以及切實的教學效果，以教導學生不可或缺的求知、思考、分析方法：則通識課程的實施就不可能有一成不變的模式。在這一層意義上，我們可以藉發覺今天的通識教育存有「成長因素」與「抑制因素」二種，通識教育的成長因素可以有以下的幾方面（註五三），如：

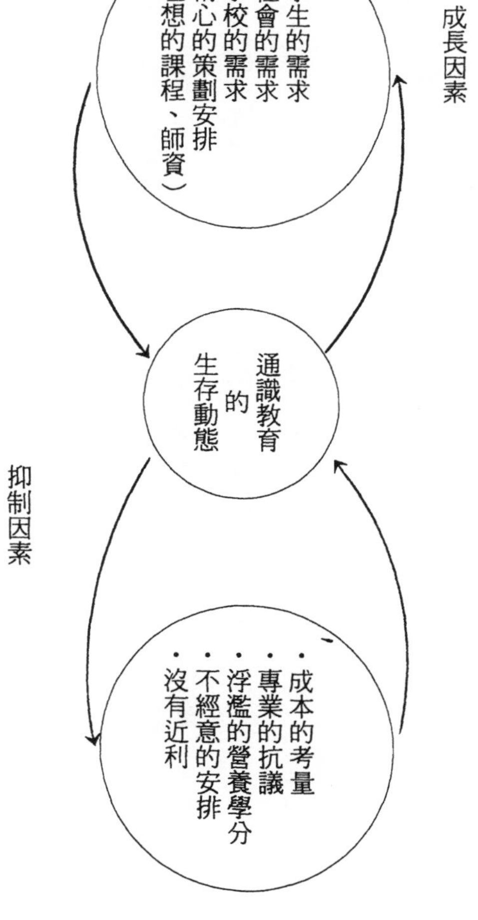

成長因素

・學生的需求
・社會的需求
・學校的需求
・精心的策劃安排（理想的課程、師資）

通識教育的生存動態

抑制因素

・成本的考量
・專業的抗議
・浮濫的營養學分
・不經意的安排
・沒有近利

圖二：通識教育成長及抑制的動態圖

從整體來看，無論是元智還是北大，在通識教育的推行或發展上，各自皆有相同和不同的現實問題存在，困難有待克服，逆境需要突破。在其成長的過程中，有其多方的需求，其中學生的需求，不外在未來做人、做事方面的各種技能；社會的需求，包括一些普遍性的概念，如地球村需學校先予傳播；學校的需求，如強調校內倫理或活力，可適時安排課程；良好的師資或課程，這些都是「成長」有關的因素；不過相對的，也有些抑制因素，如私立學校，針對成本的考量；來自專業科目或教師、同學的漠視及排擠；或者普遍易生的營養學分概念，老師給高分討好學生，無系統或計畫性的概念去安排課程；加上通識教育無法收到立竿見影的效果，這些都足以抑制或妨礙到通識教育的正常發展。

回顧半世紀以前，通識教育在美國重新興起的背景，似乎與現在的臺灣有幾分雷同之處，由「美國經驗」思考，倒是可提供大學通識教育發展的參考。

其實，當前我國通識教育最大的問題，在於未能確實「實踐」，往往使之流於形式及理論，這也是學生普遍了解通識教育的好處及功能，卻仍不重視通識課程的關鍵，因而今後通識教育的成功或失敗，乃在存乎一心而已。

附表一　元智大學通識教育課程一覽表

一、基礎性通識課程

領域	學期	科目名稱	時數	學分	備註
中國語文	上	國文㈠：寫作	2	2	1.必修，上下學期共四學分。 2.國文㈢㈣繼續開課予重修生修讀。
		國文㈠：中國歷代名作選讀	2	2	
		國文㈢：…………………	2	2	
	下	國文㈡：寫作	2	2	
		國文㈡：中國歷代名作選讀	2	2	
		國文㈣：…………………	2	2	
外國語文	上	英語㈠	2	2	必修十二學分，除英語八學分外，尚須修習四學分外語課程。
		英語㈢：會話	2	2	
		英語㈢：閱讀	2	2	
		英語㈢：寫作	2	2	
		日語㈠			

		日語㈢	2	2	
		德語一	2	2	
		進階英語會話	2	2	
		日語會話㈠	2	2	
		工業日語㈠	2	2	
		英語聽力訓練	2	2	
		歌唱英語	2	2	
		英語修辭與寫作	2	2	
		上網學英語	2	2	
	下	英語㈡	2	2	
		英語基礎	2	2	
		英語㈣：會話	2	2	
		英語㈣：閱讀	2	2	
		英語㈣：寫作	2	2	
		日語㈡	2	2	
		日語㈣	2	2	

		德語二	2	2	
		進階英語會話	2	2	
		日語會話㈡	2	2	
		英語聽力訓練㈡	2	2	
		歌唱英語	2	2	
		英語修辭與寫作	2	2	
		上網學英語	2	2	
歷史	上	中國現代史	2	2	必修，二學分
	下	臺灣史要略	2	2	
憲法	上下	中華民國憲法理論與制度 中華民國憲法與立國精神＊	2 2	2 2	1.必修，兩學分 2.＊表一學年課程，必修四學分

二、發展性通識課程

領域	學期	科目名稱	時數	學分	備註
通識	上	數學與邏輯思維	2	2	1.必修兩學分。
		化學與尖端科技	2	2	2.＊符號者，表一學期任選一門。
自然科學		人體奧祕與醫療保健	2	2	
		環境與生態	2	2	
		中醫的科學觀	2	2	
		數學漫談	2	2	
		化學與生活	2	2	
		航太科技概論	2	2	
		地球科學概論	2	2	
		光電科技概論	2	2	
		人與環境關係導論	2	2	
		自然資源與環境保護	2	2	
		自動化科技概論	2	2	
		地景欣賞	2	2	
		光與顏色	2	2	
		工業安全與防災	2	2	
		當代著名科學家介紹	2	2	

		光碟與生活	2	2	
		思考與創意	2	2	
		足球競技＊	2	2	
		羽球競技＊	2	2	
		高爾夫球競技＊	2	2	
		保齡球競技＊	2	2	
	下	趣味數學	2	2	
		模糊數學的世界	2	2	
		中醫概論與中醫保健	2	2	
		當代著名科學家探索	2	2	
		物理學漫談	2	2	
		天文學漫談	2	2	
		雷射與生活	2	2	
		系統工程與倫理	2	2	
		材料與生活	2	2	
		資訊科技概論	2	2	
		大氣科學概論	2	2	
		照相機的世界	2	2	
		環境保護規劃概論	2	2	

		資訊科技概論	2	2	
		光碟與生活	2	2	
		陶瓷科技與應用	2	2	
		醫學工程概論	2	2	
		環境管理概論	2	2	
		環境與化學	2	2	
		印刷工程技術	2	2	
		網路空間與虛擬世界	2	2	
		網路資源運用與倫理規範	2	2	
		視覺與顯示	2	2	
		思考與創意	2	2	
		混沌的世界	2	2	
		科學史	2	2	
		科技與生活	2	2	
		足球競技*	2	2	
		羽球競技*	2	2	
		高爾夫球競技*	2	2	
		保齡球競技*	2	2	
		運動與健康*	2	2	

領域	學期	科目名稱	時數	學分	備註
通識人文藝術	上	美學	2	2	必修，兩學分。
		藝術概論	2	2	
		中國藝術賞析	2	2	
		西洋藝術賞析	2	2	
		西洋哲學概論	2	2	
		中國歷代思想	2	2	
		西洋文學賞析	2	2	
		中國現代文學	2	2	
		西洋文化史	2	2	
		古典音樂欣賞	2	2	
		戲劇賞析	2	2	
		臺灣文化概論	2	2	
		宗教與人生	2	2	
		中國詩歌賞析	2	2	
		現代西方女性主義與文學	2	2	
		大學生思想與修養	2	2	

		英語語言分析	2	2	
		現代藝術	2	2	
	下	美學	2	2	
		藝術概論	2	2	
		中國藝術賞析	2	2	
		西洋藝術賞析	2	2	
		西洋哲學概論	2	2	
		中國歷代思想	2	2	
		西洋文學賞析	2	2	
		中國現代文學	2	2	
		西洋文化史	2	2	
		古典音樂欣賞	2	2	
		戲劇賞析	2	2	
		臺灣文化概論	2	2	
		宗教與人生	2	2	
		中國詩歌賞析	2	2	

		現代西方女性主義與文學	2	2	
		大學生思想與修養	2	2	
		英語語言分析	2	2	
		現代藝術	2	2	
		表演藝術概論	2	2	
		現代文化	2	2	
		禪學概論	2	2	
		哲學與人生	2	2	
		語言與邏輯	2	2	
		生死學	2	2	

領域	學期	科目名稱	時數	學分	備註
通識	上	國際關係	2	2	必修，兩學分。
		人群關係	2	2	
社		議事學理論與實際應用	2	2	
會		思想方法	2	2	

科學		哲學與人生	2	2	
		心理學概論	2	2	
		法學緒論	2	2	
		婚姻與家庭	2	2	
		倫理學	2	2	
		歷史與思想	2	2	
		兩性關係	2	2	
		現代邏輯	2	2	
		社會學概論	2	2	
		人類學概論	2	2	
		軍事戰史（上）	2	2	
	下	議事學理論與實際應用	2	2	
		歷史與思想	2	2	
		政治學概論	2	2	
		經濟與生活＊	2	2	
		臺灣社會經濟變遷＊	2	2	

		法學緒論	2	2	
		智慧財產權	2	2	
		倫理學	2	2	
		人群關係	2	2	
		思想方法	2	2	
		婚姻與家庭	2	2	
		兩性關係	2	2	
		社會學概論	2	2	
		人類學概論	2	2	
		生命關懷＊	2	2	
		心理學概論	2	2	
		未來學	2	2	
		當代社會專題	2	2	
		軍事知能	2	2	
		軍事戰史（下）	2	2	

附表二　北京大學通識教育課程一覽表

一、數學科學學院

	數學專業	應數專業	計算機數學應用軟體專業	統計與概率專業	傳#科學專業
總學分	150	150	150	150	150
必修課	107 71.33%	104 69.33%	107 71.33%	100 66.67%	106 70.67%
公共	30	30	30	30	30
專業	77	74	77	70	76
限選	10.67% 16	17.33% 26	10.00% 15	12.00% 18	12.00% 18
任選（文4，藝2）其他系	18.00% 27	13.33% 20	18.67% 28	21.33% 32	17.33% 26
通識比例	24%～38%	24%～33%	24%～39%	24%～41%	24%～37%

二、計算機科學技術系、宗教學系

	微電子學專業	計算機軟體專業	軟體工程專業	計算機科學與技術專業	宗教學專業
總學分	150 （論10）	159 （論12）	159 （論12）	159 （論12）	150 （論5，實3）
必修課	101 67.33％	113 71.07％	113 71.07％	113 71.07％	102 68.00％
公共	34	30	30	30	35
專業	67	83	83	83	67
限選	16.00％ 24	11.95％ 19	11.95％ 19	11.95％ 19	16.67％ 25
任選	10.00％ 15 （文4，藝2）	9.43％ 15 （文4，藝2）	9.43％ 15	9.43％ 15	9.43％ 15
通識比例	26.6％ ～32.6％	22.6％ ～28.3％	22.6％ ～28.3％	22.6％ ～28.3％	22.6％ ～33.3％

三、力算與工程學系、物理學系、技術物理

	理論與應用力學專業	工程結構分析專業	物理學專業	原子核物理及核技術專業	應用化學專業
總學分	161（論 9）	161（論 9）	150（論10）	150（論 8）	150（論 8）
必修課	107 66.46%	107 66.46%	90 60.00%	112 74.67%	116 77.33%
公共	30	30	36	36	36
專業	77	77	54	76	80
限選	18.63% 30	18.63% 30	23.33% 35	9.33% 14	6.67% 10
任選（文4，藝2）其他系	9.32% 15	9.32% 15	10.00% 15	10.67% 16	10.67% 16
通識比例	22%～27.9%	22%～27.9%	28%～34%	28%～34.6%	28%～34.6%

四、地球物理學系、電子學系

	天文學專業	地球物理專業	空間物理專業	大氣科學專業	信息與電子科學專業
總學分	157 (論 6)	156 (論 6)	156 (論 6)	156 (論 6)	151 (論 8)
必修課	108 68.79%	108 69.23%	108 69.23%	108 69.23%	101 66.89%
公共	37	37	37	37	31
專業	71	71	71	71	70
限選	15.92% 25	16.03% 25	16.03% 25	16.03% 25	11.92% 18
任選 (文4，藝2)	11.46% 18	10.90% 17	10.90% 17	10.90% 17	15.89% 24
通識比例	27%~35%	27.5% ~34.6%	27.6% ~34.6%	27.6% ~34.6%	24.5% ~36.4%

五、化學與分子工程／中語文學

	化學專業	材料化學專業	中國文學專業	##語學專業	古典文獻專業
總學分	156 （論10，實1）	156 （論10，實1）	151 （論4，實1）	152 （論4，實1）	156 （論4，實1）
必修課	110 70.51％	110 70.51％	101 66.89％	102 67.11％	111 71.15％
公共	35	35	41	41	41
專業	75	75	60	60	70
限選	4.49％ 7	4.49％ 7	19.87％ 30	19.74％ 30	19.23％ 30
任選	17.95％ 28 （文4，藝2）	17.95％ 28 （文4，藝2）	9.93％ 15 （理4，藝2）	9.87％ 15 （理4，藝2）	6.41％ 10 （理4，藝2）
通識比例	26.3％ ～40.4％	36.3％ ～40.4％	31.1％ ～37.1％	30.9％ ～36.8％	30.1％ ～32.7％

【附　註】

註　一　徐光台：〈從科學史的觀點來看通識教育中科學教育與人文教育的會通問題〉，《通識教育季刊》，（臺灣：國立清華大學通識教育中心，中華民國通識教育學會，民國八十四年五月）二卷二期，頁一。

註　二　張春興：〈民國三十九年以來學校教育的發展與檢討〉，收入：中國論壇編輯委員會主編《臺灣地區社會變遷與文化發展》，（臺北：聯經出版公司，民國七十四年），頁三八七—四二九。

註　三　黃俊傑：〈當前大學通識教育的實踐及其展望〉，《通識教育季刊》，（臺灣：國立清華大學通識教育中心；中華民國通識教育學會，民國八十四年五月），二卷二期，頁二五—二六。

註　四　同前註，頁二三—二四。

註　五　郭爲藩：《人文主義的教育信念》，（臺北：五南圖書出版公司，民國八十一年三版），頁一。

註　六　郭有遹、李緒武：《智能本位教學法》，（臺北：五南圖書出版公司，民國八十二年），頁二四。

註　七　詹惠雪：《我國大學通識課程之研究》，（臺北：師範大學碩士論文，民國八十二年），頁三。

註　八　郭爲藩：前書，頁一。

註　九　馬勝利等譯（S、拉賽克，G、維迪努著）：《教育發展的趨勢》，（臺北：五南圖書出版公司，民國八十一年），頁三。

註一〇　王立文等：《通識整合性學程研究》，（臺灣：元智工學院，民國八十四年），頁一—二。

註一一　Arthur Levine: Handbook on Undergraduate Curriculum, Jussey Bass,1978,P603。

註一二　李曼麗：《通識教育研究》，（北京：北京大學高等教育科學研究所博士論文問題報告，一九九五）頁一—二。

註一三　何秀煌：〈大學通識教育：理想、內涵以及問題〉、《通識教育季刊》（臺灣：國立清華大學、中華民國通識教育學會，民國八十四年）二卷一期，頁七〇—七三。

註一四　葉啓政：〈通識教的內涵及其可能面臨的一些問題〉，《大學通識教育研討會論文集》，（臺灣：清華大學人文社會學院編印，民國七十六年四月），頁四七—四八。

註一五　同前註。頁四八—四九。

註一六　金耀基：《大學之理念》，（臺北：時報文化出版公司，民國七十二年），頁一一。

註一七　杜　威：（J.Dewey）《教育哲學》，曾紀元譯，（臺北：幼獅文化事業公司，民國六十七年），頁八三。

註一八 Newman,J.H: The Idea of a University, New York: Doubleday,(1852) 1959.P.145。

註一九 Anderson,J.T: Education and Contemplatiion, Education 1954. P.400。

註二〇 何秀煌：前書，頁六五。

註二一 牟宗三：〈通識教育與知識份子〉，《聯合報》，（臺北：民國七十四年十二月十二日）。

註二二 黃俊傑：〈通識教育的意義與內涵〉，收入：國立清華大學，《通識教育論壇：共識與對策》特輯。（民國八十一年十二月），頁二。

註二三 楊國樞：〈評葉啓政：通識教育的內涵及其可能面臨的一些問題〉，收入：國立清華大學，《大學通識教育研討會論文集》，（民國七十六年四月），頁七〇—七一。

註二四 Gary E.Miller: The Meaning of General Education - The Emergence of Curriculum Paradigm. New York: Teachers College, Columbia University, 1988.

註二五 葉啓政：前書，頁五三—五七。

註二六 金耀基：前書，頁六一。

註二七 葉啓政：前書，頁六〇—六一。

註二八 克里須納姆提：《心智的覺醒》，（臺北：哈柏柯林出版社，民國八十二年），頁六。

註二九　王立文、簡婉：〈通識教育的五個面向〉，《通識教育季刊》，（臺灣：清華大學、中華民國通識教育學會，民國八十四年三月），二卷一期，頁四三—四八。

註三〇　高明士：〈傳統中國通識教育的理論〉，《通識教育季刊》，（民國八十三年十二月）一卷四期，頁六九—七〇。

註三一　朱榮貴：〈儒家人文教育之現代意義〉，《通識教育季刊》，（民國八十三年九月）一卷三期，頁一一—一三。

註三二　古清美：〈從中國人文的觀點來看今日的通識教育〉，前書，頁二七—二八。

註三三　何寄澎：〈從儒家教育的「博」與「約」論今日大學通識教育之方向〉，前書，頁六—七。

註三四　黃俊傑：〈當前大學通識教育的實踐及其展望〉，前書，頁二五—二九。

註三五　宣大衛：〈我國大學通識教育整體架構之策略規劃〉，《通識教育季刊》，（民國八十五年九月）三卷三期，頁一三八—一三九。

註三六　周起釗，王文清：〈北京大學近十年來通識教育的進展〉，（華人地區大學通識教育學術研討會論文，一九九六），頁一—三。

註三七　胡昌智：〈德國之通識教育〉，《通識教育季刊》，（臺灣：清華大學，民國八十四年三月）二卷一期，頁四九—五一。

註三八　黃坤錦：〈美國大學的發展及其通識教育的演進〉，《通識教育季刊》，（臺灣：清華大學，民國八十四年六月）二卷二期，頁七五—七六。

註三九　Levine, A: Handbook on Undergraduate Curriculum. San Francisco: Jossey-Bass. 1988, P.4。

註四〇　黃坤錦：前文，頁八〇。

註四一　同前註：頁八〇—八二。

註四二　同前註：頁八四—八五。

註四三　萬其超：〈美國大學通識教育近況與科技類課程之可行方案〉，《通識教育季刊》，（臺灣：清華大學，民國八十四年九月），二卷三期，頁九—一一。

註四四　李亦園等：〈日本的大學通識教育考察報告〉，《通識教育季刊》，（臺灣：清華大學，民國八十三年十二月），一卷四期，頁七八—八七。

註四五　仲崇親：〈通識教育的實施—元智大學的推展經驗〉，元智、北大兩校通識教育學術研討會論文。（北京：一九九七年三月），頁八—一二。

註四六　周遠清：〈加強文化素質教育提高高等教育質量〉，《教學與教材研究》，（北京：北京大學，一九九六年一月），頁四—七。

註四七　袁行霈：〈古典詩詞與情趣陶冶〉，《教學與教材研究》，（北京：北京大學，一九九六年二月），頁一〇—一二。

註四八　周起釗、王文清：前文，頁三—七。

註四九　郭進隆譯（彼得．聖吉著）：《第五項修練—學習型組織的藝術與實務》，（臺北：天下文化出版，民國八十三年），頁一一—一九。

註五〇　黃俊傑：〈我國大學院校的經營管理與運作〉，收入：《廿一世紀我國高等教育的發展趨勢》，（臺北：淡江教育研究中心，民國七十九年），頁三五—六一。

註五一　楊國樞：〈評葉啓政：通識教育的內涵及其可能面臨的一些問題〉，收入：國立清華大學，《大學通識教育研討會論文集》，（新竹：清華大學，民國七十六年四月），頁七〇—七一。

註五二　李明明：〈人文藝術教育的新路向與法國經驗〉，《當代》，（臺北：民國八十二年十月）九十期，頁一一三。

註五三　王立文：《通識整合性學程研究》，（臺北：教育部顧問室研究計劃，民國八十四年），頁七五。

參考書目

中文部分

壹、專書部分

王立文：通識整合性學程研究　臺北：元智大學，民國八十四年版。

北大教務處：北京大學本科教學計畫　北京：北京大學，一九九八年百年校慶版。

北大教務處：北京大學面向廿一世紀教學內容和課程體系改革經驗匯編　北京：北京大學，一九九八年百年校慶版。

李曼麗：通識教育研究　北京：北京大學高等教育研究所博士論文問題報告，一九九五。

金耀基：大學之理念　臺北：時報文化出版公司，民國七十二年版。

杜　威：（J.Dewey）教育哲學（曾紀元譯），臺北：幼獅文化事業公司，民國六十七年版。

克里須納姆提：心智的覺醒　臺北：哈柏柯林出版社，民國八十二年版。

郭爲藩：人文主義的教育信念　臺北：五南圖書出版公司，民國八十一年三版。

郭有遹、李緒武：智能本位教學法　臺北：五南圖書出版公司，民國八十二年版。

馬勝利等譯：（S、拉塞克，G、維迪努著）教育發展的趨勢　臺北：五南圖書出版公司，民國八十一年版。

黃政傑：課程設計　臺北：東華書局，民國八十二年版。

詹惠雪：我國大學通識課程之研究　臺北：師範大學碩士論文，民國八十二年。

貳、專文部分

王立文：簡婉：「通識教育的五個面向」　通識教育季刊　臺灣：清華大學，通識教育學會，二卷一期，民國八十四年三月。

古清美：「從中國人文的觀點來看今的通識教育」　通識教育季刊　一卷三期，民國八十三年九月。

牟宗三：「通識教育與知識份子」　聯合報　民國七十四年十二月十二日。

朱榮貴：「儒家人文教育之現代意義」　通識教育季刊　一卷三期，民國八十三年九月。

仲崇親：「通識教育的實施——元智大學的推展經驗」 元智、北大兩校通識教育學術研討會論文 北京：一九九七年三月。

何寄澎：「從儒家教育的『博』與『約』論今日大學通識教育之方向」 通識教育季刊 一卷三期，民國八十三年九月。

何秀煌：「大學通識教育：理念、內涵以及問題」 通識教育季刊 二卷一期，民國八十四年三月。

周起釗、王文清：「北京大學近十年來通識教育的進展」 華人地區大學通識教育學術研討會論文 一九九六年。

周遠清：「加強文化素質教育提高高等教育質量」 教學與教材研究 北京：北京大學 一九九六年一月。

李明明：「人文藝術教育的新路向與法國經驗」 當代 九〇期，臺北：民國八十二年十月。

李亦園等：「日本的大學通識教育考察報告」 通識教育季刊 一卷四期，民國八十三年十二月。

宣大衛：「我國大學通識教育整體架構之策略規劃」 通識教育季刊 三卷三

期，民國八十五年九月。

胡昌智：「德國之通識教育」　通識教育季刊　二卷一期，民國八十四年三月。

高明士：「傳統中國通識教育的理論」　通識教育季刊　一卷四期，民國八十三年十二月。

袁行霈：「古典詩詞與情趣陶冶」　教學與教材研究　北京：北京大學　一九九六年二月。

徐光台：「從科學史的觀點來看通識教育中科學教育與人文教育的會通問題」　通識教育季刊　二卷二期，民國八十四年五月。

張春興：「民國三十九年以來學校教育的發展與檢討」　收入：臺灣地區社會變遷與文化發展　民國七十四年。

黃俊傑：「當前大學通識教育的實踐及其展望」　通識教育季刊　二卷二期，民國八十四年五月。

黃坤錦：「美國大學的發展及其通識教育的演進」　通識教育季刊　二卷二期，民國八十四年五月。

萬其超：「美國大學通識教育近況與科技類課程之可行方案」　通識教育季刊

二卷三期，民國八十四年九月。
楊國樞：「評葉啓政：通識教育的內涵及其可能面臨的一些問題」，收入：清華大學通識教育研討會論文集　民國七十六年四月
葉啓政：「通識教育的內涵及其可能面臨的一些問題」　收入：大學通識教育研討會論文集　民國七十六年四月。
謝登旺　「大學通識教育的實施——理論與經驗的探索」　師範大學三研所博士班，民國八十五年。

外文部分

Arthur Levine, 1978 *Handbook on Undergraduate Curriculum* Jossey-Bass.

Anderson, J.T. 1954 *Education and Contemplation* Education.

Ben-David, Joseph, 1972 *American Higher Education: Directions Old and New*, McCraw Hill.

Gary E.Miller, 1988 *The Meaning of General Education- The Emergence of a Curriculum Paradigm* New York: Teachers College, Columbia University.

Harvard Committee 1945 *General Education in a Free Society* Cambridge, Mass: Harvard University Press.

Harvard University 1991 *Handbook for Students* Cambridge, Faculty of Arts and Science, harvard Univesity."

Jerry, G. Gaff, 1983, General Education Today - A Critical Analysis of Controversies Practices, and Reforms, California: Jossey - Bass Inc.

Jerry G. Geff and Anna Wasescha, 1991 "Assessing The Reform of General Education " The Journal of General Education, Vol.400.

Levine, A. 1988 *Handbook on Undergraduate Curriculum*. San Francisco:Jossey-Bass.

Newman, J.H. 1959. *The Idea of a University* New York: Doubleday.

Wen Tscen Chen, 1995 "Reinforcing General Education", in general education Towards the twenty-first century: Procedings of the first Interrational Conference on General Education in University and Colleges.